FAZ-SE TUDO POR AMOR, INCLUSIVE MORRER

O IDEAL DE AMOR ROMÂNTICO E A EXPOSIÇÃO DE MULHERES AO HIV/AIDS

Editora Appris Ltda.
1.ª Edição - Copyright© 2024 do autor
Direitos de Edição Reservados à Editora Appris Ltda.

Nenhuma parte desta obra poderá ser utilizada indevidamente, sem estar de acordo com a Lei nº 9.610/98. Se incorreções forem encontradas, serão de exclusiva responsabilidade de seus organizadores. Foi realizado o Depósito Legal na Fundação Biblioteca Nacional, de acordo com as Leis nos 10.994, de 14/12/2004, e 12.192, de 14/01/2010.

Catalogação na Fonte
Elaborado por: Josefina A. S. Guedes
Bibliotecária CRB 9/870

B116f
2024
	Bacchini, Alessandro Melo
	    Faz-se tudo por amor, inclusive morrer: o ideal de amor romântico e a exposição de mulheres ao HIV/AIDS / Alessandro Melo Bacchini. – 1 ed. – Curitiba : Appris, 2024.
	    136 p. ; 23 cm. – (PSI).
	
	    Inclui referências.
	    ISBN 978-65-250-5488-9
	
	    1. Amor. 2. Romantismo. 3. AIDS (Doença). 4. Psicanálise. I. Título. II. Série.
	
	                                                          CDD – 152.41

Livro de acordo com a normalização técnica da ABNT

Editora e Livraria Appris Ltda.
Av. Manoel Ribas, 2265 – Mercês
Curitiba/PR – CEP: 80810-002
Tel. (41) 3156 - 4731
www.editoraappris.com.br

Printed in Brazil
Impresso no Brasil

Alessandro Melo Bacchini

FAZ-SE TUDO POR AMOR, INCLUSIVE MORRER

O IDEAL DE AMOR ROMÂNTICO
E A EXPOSIÇÃO DE MULHERES AO HIV/AIDS

FICHA TÉCNICA

EDITORIAL — Augusto V. de A. Coelho
Sara C. de Andrade Coelho

COMITÊ EDITORIAL — Marli Caetano
Andréa Barbosa Gouveia - UFPR
Edmeire C. Pereira - UFPR
Iraneide da Silva - UFC
Jacques de Lima Ferreira - UP

SUPERVISOR DA PRODUÇÃO — Renata Cristina Lopes Miccelli

ASSESSORIA EDITORIAL — Jibril Keddeh

REVISÃO — Paulo Cezar Machado Zanini Junior

DIAGRAMAÇÃO — Renata Cristina Lopes Miccelli

CAPA — Daniela Baumgarten

COMITÊ CIENTÍFICO DA COLEÇÃO PSI

DIREÇÃO CIENTÍFICA — Junia de Vilhena

CONSULTORES — Ana Cleide Guedes Moreira (UFPA)
Betty Fuks (Univ. Veiga de Almeida)
Edson Luiz Andre de Souza (UFRGS)
Henrique Figueiredo Carneiro (UFPE)
Joana de Vilhena Novaes (UVA |LIPIS/PUC)
Maria Helena Zamora (PUC-Rio)
Nadja Pinheiro (UFPR)
Paulo Endo (USP)
Sergio Gouvea Franco (FAAP)

INTERNACIONAIS — Catherine Desprats - Péquignot (Université Denis-Diderot Paris 7)
Eduardo Santos (Univ. Coimbra)
Marta Gerez Ambertín (Universidad Católica de Santiago del Estero)
Celine Masson (Université Denis Diderot-Paris 7)

Aos amores da vida, desde os princípios.

AGRADECIMENTOS

À *Junia de Vilhena*, por sua lucidez teórica em diversos campos do conhecimento, por sua parceria afetiva nos momentos mais difíceis de uma vida distante de meus familiares, pela transmissão da psicanálise e por sua sensível paixão por ensinar e apreciar o crescimento de seus pares e alunos. Minha total admiração!

Ao grupo de pesquisa mais precioso do Rio de Janeiro, o Laboratório Interdisciplinar de Pesquisa e Intervenção Social (Lipis/PUC-Rio), com seus integrantes mais que especiais: *Joana Novaes, Mônica Vianna, Bruna Madureira, Nelia Mendes, Paula Melgaço, Viviane Andrade* e *Nathalia*.

À *Ana Cleide Guedes Moreira*, que, por conta de todo seu investimento e saber relacionados à problemática do HIV/Aids e à Psicanálise, tenho tanta admiração desde meus primeiros anos na academia.

Às minhas mestras de uma vida inteira: *Ana Rudge, Maria Inês Bittencourt* e *Maria Helena Zamora*, por todo apoio teórico, metodológico e afetivo presentes desde minha primeira estadia no Rio de Janeiro, pelo Procad.

Aos meus analistas, fundamentais em suas escutas nesses 16 anos de análise pessoal: *Tatiane Santos, Silvia Levy, Felipe Castelo Branco* e *Maria Filomena Pinheiro Dias*.

Aos três irmãos que conquistei durante o mestrado e que tenho a oportunidade de me manter próximo mesmo entre distâncias geográficas e temporais: *Ronildo Silva, Diogo Bendelak, Igor Francês*, e *Alex Nazareno*. Pelos ensinamentos, pelas músicas, pela poesia, pelas discussões teóricas, pelos almoços, pelos cuidados e, principalmente, por todo carinho que sinto de vocês e por vocês.

Ao Programa de Pós-Graduação em Psicologia da PUC-Rio, por todo seu acolhimento durante os seis anos em que residia na cidade.

Às irmãs e aos irmãos *Sophia, César, Bruna* e *Marcos*, por tanto me ensinarem sobre os complexos familiares.

À *Capes*, por financiar esta pesquisa.

E às *mulheres*, mesmo que de um lugar estrangeiro, próprio do inconsciente.

Eu te amo porque não amo bastante ou demais a mim. Porque amor não se troca, não se conjuga nem se ama. Porque amor é amor a nada, feliz e forte em si mesmo. Amor é primo da morte, e da morte vencedor, por mais que o matem (e matam) a cada instante de amor

(Carlos Drummond de Andrade)

SUMÁRIO

1
INTRODUÇÃO 13

2
AMOR: FELICIDADE, IRRACIONALIDADE E UNIVERSALIDADE 19

2.1 Sexualidade e amor a partir de Marcuse e Foucault 22

2.2 Da metafísica amorosa ao amor moderno 25

2.3 Amores clássicos: ilusão e mito fusional 30

2.4 Amor e mito, cultura e subjetividade 32

2.5 Do romance/mito de *Tristão e Isolda* ao amor
e à destruição/morte 43

2.6 Por uma metafísica do amor em Platão 49

2.7 Rousseau e a educação de Emílio e Sofia pela via do amor 56

2.7.1 Os sentidos "[...] da educação" 57

2.7.2 Rousseau e uma educação às mulheres pela via do amor 58

3
AMOR, NARCISISMOS E TRANSFERÊNCIA 61

3.1 Do brincar infantil aos romances familiares 62

3.2 Autoerotismo, narcisismo e amor de objeto 64

3.3 O conceito de Ideal do Eu 69

3.4 Amor e frustração amorosa na obra freudiana 74

3.5 Amor e narcisismo 78

3.6 Três polaridades da introdução ao narcisismo 79

3.7 Narcisismo, ideal do eu e idealização 80

3.8 A transferência na teoria freudiana 81

3.9 Amor e transferência 84

3.10 O amor e o desejo do analista 88

3.11 Retorno a Platão a partir de Lacan 91

4

HISTÓRIAS RECONTADAS: REPRESENTAÇÕES DO HIV/AIDS, HUJBB E O TERCEIRO LESTE 95

4.1 Problematizando a escuta de base psicanalítica nesse *setting*...... 96

4.2 Releituras clínicas...... 98

4.3 O amor que protege de tudo ao amor da dieta dos prazeres e do consumo 102

4.4 Uma invenção que protege e vulnerabiliza...... 107

4.5 Do dois para o um e do um para o dois 110

4.6 O que nos torna tão fortes e, paradoxalmente, tão vulneráveis...... 112

5

CONSIDERAÇÕES FINAIS 117

REFERÊNCIAS 125

INTRODUÇÃO

Durante os anos de 2010 e 2012, desenvolvi a dissertação de mestrado intitulada "Helena vivendo com aids" (BACCHINI, 2012) a partir da escuta no Hospital Universitário João de Barros Barreto (HUJBB), especialmente com atendimentos em enfermarias destinadas a mulheres vivendo com HIV/Aids.

Neste contexto, surpreendi-me com algumas mensagens pelos corredores que, em seu conjunto, soavam como uma repetição. "Na hora de fazer o que fez ela não reclamou", dizia um membro da equipe como reação às demandas de uma paciente. "Você mantém relações sexuais só com seu marido?", perguntava-se às usuárias internadas em entrevista de rotina. "Agora ela não vai mais sair pra dançar... ela vai morar comigo e só vai pra igreja", exclamava a mãe da paciente durante sua visita.

Uma forma de ler estas sentenças pode ser assim descrita: se o que ela faz — num conjunto de ações que envolve ter "relações sexuais" e "sair pra dançar" — são ditos em teor pejorativo ou não recomendável, por outro lado, os atos ganhariam outra conotação, bem mais amena aparentemente, caso fossem realizados em conjunto com um "marido". Tal significação ocorre como um ponto-de-estofo por seu efeito retroativo em relação aos significantes dispostos nas frases.

Na fala de diversas mulheres que passam a se reconhecer vivendo com HIV/Aids, dois temas pareciam ecoar: o medo da morte e o da perda de amor. "Como será que ele vai reagir quando souber que estou com Aids?", "eu nunca mais vou me envolver com ninguém!", "eu estava apaixonada e nem pensei em usar camisinha, mesmo que as pessoas falassem que ele estava doente de alguma coisa", "eu me casei com ele, foi o único homem com quem me relacionei sexualmente".

Longos anos se passaram desde que a descoberta do HIV e seus desafios em tratamento vieram a ser sentidos, no Brasil e no mundo, tanto pela comunidade científica quanto por governos e sociedade civil. Em seus primeiros registros, por volta de 1981 a 1984, tratava-se de uma busca pelo desconhecido que reunia, dentre outros pontos, definições de fatores de risco, etiologia e disseminação.

De acordo com Ayres (1999), nos EUA esse período foi marcado por descrições epidemiológicas problemáticas que associavam um terror do contágio aos chamados grupos de risco, que incluíam homossexuais, hemofílicos, haitianos e usuários de heroína. Diversos questionamentos éticos foram feitos em relação às proposições que incentivavam atos discriminatórios e abstinência sexual como estratégias de prevenção.

No Brasil, de acordo com o Ministério da Saúde (BRASIL, 2009), em 1983 a síndrome advinda do exterior passou de 82 pessoas infectadas para 837 pessoas em 1984. Um segundo período pode ser delimitado a partir de maiores compreensões da transmissibilidade e da etiologia, fatores que modificaram o enfoque dado à abstinência e aos grupos de risco para comportamentos de risco: utilização de agulhas contaminadas e, principalmente, contato sexual sem preservativo.

De acordo com Kalichman (1993) e Ayres (1999), se a noção de comportamento de risco permitiu um passo além para a prevenção em relação à estratégia dos grupos de risco, por outro lado, uma vez que este propunha uma identificação aos significantes a partir de um discurso do mestre que patologizava e excluía — homossexuais e hemofílicos, por exemplo —, a estratégia adquiriu caráter regulador, pois os indivíduos passaram a ser classificados por suas condutas isoladas sem que se levasse em consideração a devida complexidade dos contextos.

Outro momento importante para o cenário referente ao vírus se deu por volta de 1989, com o significativo aumento do número de casos entre a população mais vulnerável, como população de baixa renda, jovens, afrodescendentes e mulheres, o que corrobora para um questionamento dos limites das estratégias de informação e, posteriormente, para o aprofundamento da noção de vulnerabilidade. De acordo com Mann (1992) e Polistchuck (2010), aspectos individuais e também coletivos deveriam ser aprofundados uma vez que a individualização nos comportamentos de risco se mostrou pouco efetiva.

Após os anos 2000, chegamos a um quarto momento, que caminha até os dias atuais, com o aprimoramento e a disseminação dos antirretrovirais, evoluções que permitiram considerar a síndrome a partir de características crônicas. Nesse ponto, passou-se a efetivar novos espaços de discussão que incluíram o viver com HIV/Aids, a adesão ao tratamento e seus efeitos colaterais, o lidar com preconceitos, entre outros temas para além da transmissão (GRANICHA *et al.*, 2010).

No mais recente Boletim Epidemiológico de HIV/Aids, do ano de 2021, consta que 694 mil pessoas realizam tratamento para a síndrome no Brasil, sendo que destas 45 mil pessoas passaram a viver com Aids somente neste último ano. O alto número contrasta com a diminuição da quantidade de pessoas anualmente contaminadas, valores que decrescem desde 2013. Por outro lado, o coeficiente de mortalidade padronizado de Aids, medido entre 2010 e 2020, mostra que nove estados das regiões Norte e Nordeste apresentaram aumento em coeficientes: Amapá (240,2%), Sergipe (30,0%), Piauí (28,5%) e Ceará (27,1%), Paraíba (15,4%), Acre (15,0%), Tocantins (11,8%), Pará (6,5%) e Maranhão (2,5%).

Segundo classificação das unidades da federação (UF), capitais e municípios com mais de 100 mil habitantes, de acordo com índice composto por taxas de detecção, mortalidade e primeira contagem de CD4 nos últimos cinco anos: "[o] estado do Amazonas encontra-se em primeiro lugar, seguido pelos estados de Amapá e Pará. Em relação às capitais, as cinco posições mais elevadas no ranking são Belém, Porto Alegre, Manaus, Florianópolis e Salvador" (BRASIL, 2021, p. 24).

Os dados epidemiológicos suscintamente dispostos apontam não apenas para a uma questão de saúde pública, no que diz respeito a estratégias de prevenção e tratamento, mas também faz pensar no que está em jogo se tratando do sofrimento psíquico dos sujeitos aí envolvidos.

Minha experiência como pesquisador no Hospital Universitário João de Barros Barreto (HUJBB-UFPA) permitiu maiores aproximações a esse campo, pois tanto na dissertação — "Helena vivendo com aids" (BACCHINI, 2012) — quanto na tese — "Faz-se tudo por amor, inclusive 'morre-se': o ideal de amor romântico e a exposição de mulheres ao HIV/aids" (BACCHINI, 2017) — foi possível escutar um pouco mais sobre os efeitos traumáticos do diagnóstico de HIV como um acontecimento que via de regra inscreve a síndrome na dimensão imaginária associada à morte e aos tabus referidos à sexualidade em nossa cultura.

Portanto, é a partir desse contexto que se mostra oportuno uma revisão crítica do amor romântico como ideal, pois nele se verifica a ilusão de uma satisfação narcísica pela via da completude, aliada ao imaginário cultural — articulação teórica presente em Costa (1999), Carvalho (2003) e Lejarraga (2002) — de que o amor salvaguardaria o sujeito dos males da existência. Isso se mostra presente no discurso de várias mulheres que se acreditavam protegidas em relações estáveis com seus parceiros. Nesse sentido, o ideal de amor romântico enquanto completude e proteção estaria relacionado à crescente exposição de mulheres ao vírus do HIV/Aids?

Tal pergunta carrega consigo o objetivo de analisar o ideal de amor romântico na constituição da subjetividade — a partir de análise documental de casos clínicos de mulheres atendidas no Hospital Universitário João de Barros Barreto (Belém (PA)) — como um dos possíveis determinantes envolvidos no crescente número de mulheres infectadas. Há que se considerar, antes de prosseguir, que a circunscrição ao termo *mulheres* se dá a nível de público-alvo em um sentido epidemiológico. A dimensão de gênero também é levada em consideração em noções mais ampliadas, mas deverá ser mais bem aprofundada em futuros trabalhos.

No decorrer do livro, analisaremos o conceito de ideal do Eu na teoria psicanalítica a partir de Freud e Lacan face ao romantismo amoroso como noção de completude e proteção. Após este momento, verificaremos possíveis conexões entre o perfil epidemiológico do HIV/Aids na região metropolitana de Belém e o imaginário cultural presente em falas direcionadas a estas mulheres, sejam estas provenientes de familiares, equipe ou delas próprias. Por fim, avaliaremos possíveis relações entre elementos *linguageiros* do romantismo amoroso e a vulnerabilidade ao contágio.

Estes propósitos supracitados também compuseram o amplo projeto de pesquisa denominado *Relações de gênero, feminismos, sexualidade, vulnerabilidade e, a feminização da epidemia do HIV–aids em Belém* (MOREIRA *et al.*, 2012) — financiado pelo CNPq.

É desse lócus que se busca realizar um estudo clínico-qualitativo com o procedimento da análise documental — por se tratar de material clínico já transcrito. Caracterizemos a seguir este caminho proposto, embora antes possamos tecer um comentário em Freud (1972, v. 11), *Leonardo da Vinci e uma lembrança de sua infância*. Nesta obra, caracterizada pelo próprio autor como uma de suas mais belas, em interlocução a Ferenczi, é possível atentar para o fato de que sua análise se deu em relação a contos, histórias e obras acerca de Leonardo. Freud empreende, portanto, não uma escuta àquele, mas uma pesquisa documental que se revela fundamental como método de interpretação psicanalítica pela possibilidade de articulação entre significantes presentes em texto. Dito isto, podemos seguir adiante quanto ao método proposto.

De acordo com Cellard (2008), a partir da pesquisa documental pode-se trabalhar com o objeto ampliando a possibilidade de contextualização histórica e sociocultural da qual este faz parte. Além disso, para Minayo (2008), a pesquisa documental pode ser utilizada como um procedimento para a apreensão, compreensão e análise de documentos variados. Esta possui como objeto de investigação o próprio documento, utilizando-os como fontes de informação para determinadas questões previamente elucidadas (FIGUEIREDO, 2007).

Consideramos adequada a utilização da pesquisa clínico-qualitativa para a *análise dos dados* que, de acordo com Turato (2005), parte da compreensão advinda das Ciências Humanas que considera o fenômeno em seu significado individual ou coletivo e suas possíveis repercussões. Nesse ponto, deve-se notar a dimensão estruturante atribuída aos significados, pois os fenômenos incidem como diretrizes na vida das pessoas. Tais significados podem ainda ser culturalmente partilhados, organizando a vida social a partir dessas representações.

Assim, como definição, o método clínico-qualitativo consiste numa busca pela interpretação de significados psicológicos e socioculturais trazidos pelos indivíduos acerca dos fenômenos pertinentes (TURATO, 2003). Nesse sentido, devemos orientar nossos interesses para as possíveis repercussões do romantismo amoroso como um ideal relativo à vulnerabilidade.

No primeiro capítulo deste trabalho, trataremos dos simbolismos presentes e reatualizados a partir de autores clássicos no que diz respeito à literatura sobre o amor como Platão, Jean Jacques Rousseau e Denis de Rougemont. Este caminho diz respeito à construção cultural do amor a partir da seguinte linha de raciocínio.

Partimos da versão longínqua e metafísica do amor, especialmente n'*O Banquete*, derivando daí nossas linhas argumentativas sobre o amor referido ao Bem e ao plano das ideias, especialmente no que diz respeito à estrutura mitológica do *dois fazer um*. Em seguida, trataremos do tema amor em relação à frustração amorosa — em *Tristão e Isolda* lido com Rougemont — para pensar na face amorosa ligada ao desamparo, à falha humana fundamental, à insatisfação e ao mal-estar aí presentes. Finalmente, figura Rousseau como um dos principais autores modernos responsáveis pela síntese do amor romântico, especialmente quando se trata de pensar sua pedagogia referida aos ditames do que seria a frágil postura das mulheres nesse encontro.

Seguindo ao terceiro capítulo, analisaremos o referencial teórico psicanalítico acerca dos conceitos de narcisismo, ideal do eu e transferência. Para tanto, utilizar-nos-emos de uma leitura que se acredita possível, de

Freud a Lacan e comentadores, para o tecer das linhas que tanto nosso campo quanto nosso objeto de estudo forneceram. Com isso, serão delineados o ideal do amor romântico e suas repercussões nos modos de subjetivação contemporâneos que incidem sobre a lógica do estado de apaixonamento amoroso como ilusão de completude narcísica.

Finalmente, no quarto capítulo, faremos uma releitura — a partir das construções culturais e psicanalíticas acerca do amor, conforme constará nos capítulos precedentes sobre estas temáticas — de casos em que as mulheres atendidas no Hospital Universitário João de Barros Barreto falam sobre seus amores, paixões e vulnerabilidades diante da síndrome da Aids. Assim, acredita-se possível a aproximação à expressão que Denise Maurano se utiliza desde o título de seu livro, *A face oculta do amor*, por este portar consigo também seu caráter trágico. Diferentemente do que versa o imaginário, portanto, o amor pode falhar desde que também é falta.

2

AMOR: FELICIDADE, IRRACIONALIDADE E UNIVERSALIDADE

Neste momento, partiremos do estudo de Jurandir Freire Costa (1999) — *Sem fraude nem favor* — para darmos início à contextualização da implicação do "amor romântico" no que diz respeito ao sofrimento psíquico de mulheres infectadas pelo vírus do HIV/Aids. Estamos de acordo com este autor em pensar o amor como um fenômeno que pode ser estudado em seu caráter histórico, dada sua possibilidade de implicação em nosso contexto cultural. De uma forma resumida e geral, Costa (1999, p. 13) propõe três modos de dizer o credo amoroso dominante:

> 1) o amor é um sentimento universal e natural, presente em todas as épocas e culturas; 2) o amor é um sentimento surdo à "voz da razão" e incontrolável pela força da vontade e; 3) o amor é a condição *sine qua non* da máxima felicidade a que podemos aspirar.

No primeiro deles, diz-se que é possível encontrar vestígios do amor-paixão em todas as culturas conhecidas. Com isso, o amor é referenciado como um dom da natureza, e tudo o que se opuser a ele será tomado como não humano. Conforme afirma Maurano (2006), esta postura se encontra amparada em diversas mudanças que se verificam no passar da modernidade para os tempos mais recentes: da decadência de apostas nas leis, na fé e na racionalidade para uma cega fé no amor — afinal, aposta-se neste sentimento como uma das possíveis saídas para a inescrutável existência humana.

Costa (1999) afirma que a forte crença atual depositada no amor se dá em decorrência de um aprendizado analógico. Acredita-se que as experiências pessoais sejam reveladoras de uma verdade imutável sobre a vivência amorosa, em todos os sujeitos e ao longo dos tempos, descontextualizando-a. Dito de outro modo, seria como se um sujeito julgasse que o mundo inteiro "ama" da mesma maneira que ele próprio fantasia amar.

Chegando ao segundo ponto da citação de Jurandir Freire Costa (1999), tem-se o amor como espontâneo, involuntário e incontrolável. A linguagem cotidiana valoriza associações entre amor, sentimentos e sensações em detrimento de possíveis ligações da temática amorosa a julgamentos e exercícios críticos. Delineia-se a noção de amor como uma peça sentimental do destino. Por outro lado, essa idealização não coincide exatamente com outros tantos elementos envolvidos nas escolhas amorosas como componentes sociais, econômicos, culturais e muitos outros. Nas palavras de Costa (1999, p. 17):

> A imagem do amor transgressor e livre de amarras é mais uma peça do ideário romântico destinada a ocultar a evidência de que os amantes, socialmente falando, são, na maioria, sensatos, obedientes, conformistas e conservadores. [...] Na retórica do romantismo, o amor é fiel somente à sua própria espontaneidade. A realidade social e psicológica dos sujeitos diz outra coisa. O amor é seletivo como qualquer outra emoção presente em códigos de interação e vinculação interpessoal.

Fica claro, a partir desses argumentos, o quanto o lado racional do amor é negado no ideário romântico em prol de sua face afetuosa e imaginariamente designada por seu caráter irrefreável. Entretanto, há que se ressaltar também suas características ligadas ao que é da ordem da racionalidade.

Chegando ao terceiro ponto, o da "máxima felicidade", tem-se, de acordo com Costa (1999), um dos ideais mais fortes da cultura ocidental. Bauman (2012), por exemplo, reitera esta posição do amor, especialmente em uma erótica no corpo associada à felicidade individual como um capital a ser investido na contemporaneidade.

Tratando-se de ideais, pode-se pensar em dois polos distintos: certos ideais podem se revelar mais fáceis de abarcar a maioria das pessoas, além de estarem entremeados pelo sentido do aperfeiçoamento. Outros, por sua vez, continua Costa (1999, p. 18), "além de germinar na escassez, resistem à mudança reivindicando o direito de eternidade, não obstante a contingência do mundo. É o caso do romantismo amoroso". Nesta característica, o ideal de amor romântico parece insistir em permanecer intacto em um mundo repleto de mudanças, revelando inúmeras contradições.

Na Europa, de acordo com Costa (1999), o amor romântico surgiu como norma de conduta em que se aspirava um equilíbrio entre a felicidade pessoal e o compromisso com o ideal coletivo. Ou seja, algo bastante diferente de um contexto em que a noção do bem da comunidade perde seu valor em detrimento da sobrevalorização de uma vida privada em que o amor se ligue apenas ao sexo e ao consumo. Continua o autor:

> O que nos fins do século XIX era uma fantasia social tratada por Engels como um embuste, hoje parece ter se tornado realidade. O amor se tornou fantasmagoricamente onipotente, onipresente e onisciente. Deixou de ser um meio de acesso à felicidade para se tornar seu atributo essencial. (COSTA, 1999, p. 19).

Diante deste quadro, Costa (1999) lança mão de algumas hipóteses como: o retraimento para a vida privada em razão da diminuição do interesse pela vida pública, uma vez que esta tem sito tomada como carro chefe em questões mercadológicas; a relativa e suposta *desrepressão* das mais variadas formas de expressão de conduta sexual acarretando um maior investimento em ideais amorosos; e a perda da força dos meios tradicionais que ofereciam identidades e ideais — como religião, democracia e família —, fazendo com que houvesse um apego cada vez maior aos ideais românticos.

Neste último ponto — imaginário de um ideal de felicidade pessoal — reside um foco fundamental, pois esse ideal de amor perde sua transcendência em meio a uma sociedade regida pela dieta dos prazeres e do consumo. Aqui, a emoção perene tomou conta do que antes servia aos laços culturais mais vastos:

> Não nos perguntamos se o amor com que sonhamos pode sobreviver ao desmoronamento na moral patriarcal e, sobretudo, à nossa paixão pelo efêmero. Em seu berço histórico, o amor foi embalado por adiamentos, renúncias, devaneios, esperanças no futuro e "doces momentos do passado". Ele nasceu na "Era dos Sentimentos", do gosto pela introspecção e por histórias sem fim de apostas ganhas e perdidas. Hoje entramos na "Era das Sensações", sem memória e sem história. [...] Aprendemos a gozar com o fútil e o passageiro. (COSTA, 1999, p. 21).

Nesse sentido expresso, o amor contemporâneo possui uma dupla face, em que de um lado está a saudade do que ainda há de sentimento e, de outro, a paixão crescente pelo obsoletismo das sensações. Restaria então, utilizando um breve trecho do poeta Vinícius de Moraes, em seu *Soneto de Fidelidade*: "[q]ue não seja imortal, posto que é chama. Mas que seja infinito enquanto dure". Se por um lado estas linhas parecem expressar um caminho pouco promissor para o que tem se esboçado acerca do amor enquanto ideal romântico, talvez sua análise permita reposicionamentos diante dos imperativos de sua gramática.

2.1 Sexualidade e amor a partir de Marcuse e Foucault

A leitura de Freud (1972, v. 21) — em *O mal-estar na civilização* — permite que se analise os conflitos entre a vida pulsional e a cultura. Se o propósito utópico da vida psíquica fosse apenas levar a cabo toda exigência do princípio de prazer, ainda assim o sujeito se encontraria com os limites da cultura.

Marcuse (1968) reafirma que a sublimação e o adiamento do princípio do prazer são fundamentais para a possibilidade de certa harmonia entre os indivíduos. No entanto, esta saída logo se revelaria problemática na medida em que a renúncia à satisfação erótica possa significar também uma renúncia à gratificação pulsional. Além disso, para o autor, a repressão de *Eros* poderia ceder espaço à pulsão de morte, ocasionando perdas também à cultura.

Marcuse (1968, p. 56) considera problemática essa dialética pulsional em dois pontos. No primeiro, a civilização seria compreendida enquanto "interiorização das necessidades alienadas do capitalismo industrial". No segundo ponto, Freud teria confundido *Eros* com sexualidade. Sobre o primeiro ponto, Marcuse afirma que Freud não distinguiu o *princípio da realidade* com o que ele chama de *princípio do desempenho*. Nessa releitura, portanto, os limites à satisfação seriam não apenas culturais, mas relativos às próprias rédeas do capitalismo moderno, voltado para a produção industrial e para a racionalização da vida em torno do consumo. A renúncia às pulsões seria excessiva não apenas por se somar à repressão de *Eros*, mas também ser transformada em mercadoria. Nas palavras de Marcuse (1968, p. 56): "[o] antagonismo fundamental entre sexo e utilidade sexual [...] é obnubilado pela progressiva incrustação do princípio de realidade no princípio do prazer".

No que diz respeito à suposta junção entre sexo e erotismo, Marcuse (1968) entende que, em um mundo alienado política e economicamente, não há como se pensar em liberação sexual. Dito de outra maneira, a sexualidade livre e a serviço do princípio do prazer não poderia ter *utilidade* como, por exemplo, servir à reprodução de instituições familiares e econômicas.

Em relação à leitura marcusiana acerca de Eros e sexualidade em Freud, é interessante notar o que Costa (1999) considera essencial: não uma crítica ao seu entendimento acerca da complexidade teórica presente em Freud, mas sua tentativa frustrada de separar Eros e sexualidade. Sobre isso, Costa (1999, p. 26) afirma:

> Dizer que o que pensamos sobre "sexo" é idêntico ao que os gregos pensavam sobre "eros" é a melhor maneira de con-

> vencer a todos de que eros é um sexo "melhorado" e que
> neste sexo revisitado pela psicanálise marxista está a chave da
> reconciliação sexual na terra. [...] Erotizando o sexo, Marcuse
> não se liberou da cultura sexual moderna. Pelo contrário,
> levou-a ao extremo.

Como será possível verificar adiante, tal confusão realizada por Marcuse entre Eros e sexualidade não auxilia no entendimento fundamental para que possamos discutir acerca dos costumes sexuais e amorosos na contemporaneidade, justamente pelo fato de que — como é possível retomar a partir de Foucault (1984a; 1984b; 1985) em sua *História da sexualidade*: a sexualidade é uma discursividade. Reiterando a partir de Costa (1999, p. 26): "[n]ão existe referente fixo ou universal do termo sexualidade".

A partir da teoria de Foucault, as noções de "sexualidade" e "sexo", no ocidente, são construídas por meio de repressão e incitação ao nascimento de novas crenças e condutas eróticas. Dedicando-se ao estudo de éticas sexuais antigas, torna esta visão mais complexa ao entender que o sujeito se constitui a partir de dispositivos disciplinares e tecnologias do *self*.

De acordo com Costa (1999), Foucault se inspirou em Peter Brown e Pierre Hadot para iniciar sua discussão sobre "ascese" e acerca da construção de "estilos de vida" por meio do minucioso exercício do *uso dos prazeres* e dos *cuidados de si*. Desse ponto surge a divisão das "éticas sexuais em éticas dos atos, prazeres e desejos, e é deste ângulo que se tematiza a noção de 'erótica' como um capítulo da discussão mais ampla de *aphrodisia*" (COSTA, 1999, p. 28). Diferentemente do sentido usual de erotismo, entre os gregos, o campo dos prazeres sensuais representavam apenas uma parcela do amplo espectro do exercício da ascese.

Foucault (1984b) — em *História da sexualidade II: o uso dos prazeres* — demarca sua relação com o tema da sexualidade: não a emergência de algo novo a partir do início do século XIX, mas a sua historicização em relação ao desenvolvimento de discursividades institucionalizadas. Este ponto fica claro quando Foucault (1984b, p. 10) descreve o então recorrente e equivocado esquema de pensamento:

> [...] fazer da sexualidade um invariante e supor que, se ela
> assume, nas suas manifestações, formas historicamente sin-
> gulares, é porque sofre o efeito dos mecanismos diversos de
> repressão a que ela se encontra em toda sociedade; o que
> equivale a colocar fora do campo histórico o desejo e o sujeito
> do desejo, e a fazer com que a forma geral da interdição dê
> conta do que pode haver de histórico na sexualidade.

Nesse trabalho, Foucault (1984b) retorna da época moderna, pelo cristianismo, chegando à Antiguidade para escapar ao que ele considera uma falta grave: atribuir às interdições fator decisivo no comportamento sexual, bem como aos prazeres ligados a ele. Contra este ponto de vista, Foucault demonstra que pode haver preocupações morais em uma dada cultura mesmo que nela não sejam impostas obrigações ou proibições. Dito de outra forma: interdição e problematização moral são dois campos distintos. Mais preocupado estaria Foucault (1984b, p. 14-15) em:

> [...] definir as condições nas quais o ser humano 'problematiza' o que ele é, e o mundo no qual ele vive.[...] Deve-se entender, com isso, práticas refletidas e voluntárias através das quais os homens não somente se fixam regras de conduta, como também procuram se transformar, modificar-se em seu singular e fazer de sua vida uma obra que seja portadora de certos valores estéticos e responda a certos critérios de estilo.

De um modo geral, com esta perspectiva, Foucault se diferencia da posição marcusiana ao pensar o sexo não como reprimido, mas submetido a interesses diversos nas disciplinas corporais de uma moderna cultura industrial, capitalista e burguesa. Trata-se de um dos pontos centrais, enunciados por Costa (1999), para marcar a contribuição foucaultiana na aproximação em termos de amor e sexualidade na modernidade.

Além desta diferenciação conceitual, Foucault (1984a) demonstra haver heranças de culturas gregas e romanas na moral sexual de seu contexto histórico — e não uma gênese proeminentemente burguesa e/ou cristã — além de uma dissociação reflexiva entre amor e sexo. Nesse sentido, Foucault (1984a) problematiza a hipótese repressiva como estritamente relacionada, nas sociedades modernas, a uma questão fundante no século XVII. O desenvolvimento teórico d'*A vontade de saber* trata, segundo o próprio autor, justamente de "determinar, em seu funcionamento e em suas razões de ser, o regime de poder-saber-prazer que sustenta, entre nós, o discurso sobre a sexualidade humana" (FOUCAULT, 1984a, p. 16). Trata-se de confirmar a hipótese freudiana da repressão ao sexo, não pela via de um poder centralizado, mas no exercício de funções muito bem localizadas nas práticas discursivas modernas.

Nesse sentido, a questão abordada por Foucault (1984a) não representa um elogio ou uma crítica à hipótese repressiva, mas diz respeito a não considerar esta como principal elemento da história da sexualidade a partir da Idade Moderna. Mesmo porque, afirma Foucault (1984a, p.

17-18): "a partir do fim do século XVI, a 'colocação do sexo em discurso', em vez de sofrer um processo de restrição, foi, ao contrário, submetida um mecanismo de crescente incitação". Nesse sentido, os tabus decorrentes das discursividades acerca da cultura e do indivíduo contribuíram para uma *vontade de saber* — com o desenvolvimento mesmo de discursos científicos — limitadoras quanto às possibilidades de existência mais diversas no que diz respeito à vivência da sexualidade.

Para tanto, é interessante ler a entrevista de Foucault (1981) em *l'amitié comme mode de vie*, em que o autor propõe uma saída do ascetismo para a possibilidade criativa presente nas relações homossexuais, pois para ele "[é] preciso, insisto, é preciso escapar das duas fórmulas completamente feitas sobre o puro encontro sexual e sobre a fusão amorosa das identidades".

É de certo que deixaremos análises mais aprofundadas para um momento posterior, mas, nesse ponto, parece que podemos aproximar esta afirmativa como um movimento pendular que, ora encontra sua via de expressão em relações esvaziadas de sentido em gozos mortíferos para o sujeito contemporâneo, ora se expressa em encontros apaixonados, onde se verifica uma rigidez imaginária àquele outro que só se pode desejar por estar de acordo com os determinantes de possível ideal romântico.

Existiriam saídas possíveis para este movimento binário? Talvez nos pontos não tão equidistantes deste pêndulo — nesse sentido, múltiplas possibilidades deste movimento —, mas somente isso? É interessante notar que o próprio autor favorece tal questionamento ao argumentar que "um modo de vida pode dar lugar a uma cultura e a uma ética" (FOUCAULT, 1981) por mais que a institucionalização destas relações se mostre demasiadamente engessada.

2.2 Da metafísica amorosa ao amor moderno

O amor, em sua face idealizada, diz respeito a uma posição sem qualquer relação com outros aspectos da vida. Costa (1999) considera que tal idealização comporta uma dupla face: a idealização do objeto e a idealização do sujeito. Compreender esta construção *metafísica* seria, então, um passo importante na abordagem do amor não como um objeto em si, mas em contiguidade a diversos outros elementos de nossa tradição ocidental que constituem o ideal do amor romântico. N'*O banquete* podemos encontrar diversos elementos do romantismo que perduram até os dias atuais, considerando os sete discursos que o comportam. Naquele, pode-se verificar o amor como:

> [...] um impulso que se dirige a um outro, homem ou mulher, do mesmo sexo ou do sexo oposto [...] e como um composto afetivo feito de desejo; de falta de objeto do desejo; de nostalgia ontológica do objeto ideal perdido; de sofrimento decorrente da perda ou da ausência deste objeto; de alegria intensa, quando o objeto é possuído etc. (COSTA, 1999, p. 36-37).

No amor presente entre os padres cristãos, é possível verificar uma grande proximidade com o discurso de Diotima, uma vez que este se verifica relacionado a um outro plano que não a finalidade sensível. Assim concordam Diotima e Sócrates ao afirmarem que

> [...] é a imortalidade que, com o bem, necessariamente se deseja, pelo que foi admitido, se é que o amor é o amor de sempre ter consigo o Bem. É de fato forçoso por esse argumento que também da imortalidade seja o amor (PLATÃO, 2001, p. 24).

O amor figura aqui como uma possibilidade de aspirar ao Bem. No entanto, como afirma Costa (1999), esse amor não diz respeito à atração sensual, sentimental ou política. Diotima, por exemplo, fala do amor enquanto meta presente nas atividades de *criação* do filósofo, do poeta e do sábio.

Seguindo o caminho da metafísica, em Santo Agostinho, por sua vez, a temática do amor está relacionada à atitude para consigo e para com o próximo, especificamente enquanto amor à Deus (ARENDT, 1996). Para tanto, o aprendizado divino *amarás ao próximo como a ti mesmo* figura como referência primordial. O amor destinado aos objetos mundanos estaria fadado ao fracasso devido ao seu caráter passageiro. Somente no amor *"caritas,* cujo objeto é a eternidade, o homem se transforma em ser eterno, não perecível" (ARENDT, 1996, p. 537). Costa (1999) afirma que este amor *caritas* irá perdurar por todo imaginário amoroso na Alta Idade Média europeia.

O "amor cristão", de acordo com Kristeva (1988, p. 121) é um *"dom gratuito"*, apesar da concepção bem mais pessimista presente no Antigo Testamento. Apóstolo Paulo é decisivo na definição de um amor completamente seguro, que se dê independentemente das qualidades dessa pessoa. Em sua concepção existe um triplo movimento.

Primeiro é Deus quem ama gratuitamente. Em segundo lugar, ponto mais importante para a Kristeva (1996, p. 122), o amor do Pai diz respeito ao sacrifício do Filho: "Ágape é a ágape da Cruz". Por último, é o amor ao próximo, amigo virtuoso ou inimigo sem qualidades, que constitui a via necessária para adesão ao Pai: "[n]ão como lei, mas como Nome, Verbo-e-Amor. Imersão nominal. Batismo cristão".

Para Costa (1999, p. 38), se há uma diferença entre o amor cristão — no qual figurava o dom de Deus — e o amor pagão — guiado pela razão em um movimento ascendente —, ainda assim: "tanto no *eros* grego quanto na ágape ou *caritas* cristãs, o amor correto era imaginado como um sentimento voltado para algo que transcendia a vida mundana e aspirava à eternidade".

No que diz respeito à mística-cristã, o pensamento de São Bernardo de Claraval (1901 – 1153) tem sua principal expressão. Neste, o amor primeiro e último está direcionado a Deus como seu objeto, pois somente assim seria constituída a sua pureza. Tal característica distancia decisivamente a mística-cristã do *puro amor* cortês, como afirma Kristeva (1996, p. 134). O amor cortês, como veremos a exemplo de sua expressão em *Tristão e Isolda*, repousa sobre a renúncia: "[a] Dama não necessariamente ama o seu menestrel, e o trovador, por sua vez, não somente não almeja possuí-la, como mede seu amor pelo tamanho de sua frustração".

No que diz respeito ao amor cortês, é importante destacar "a relação do sofrimento no amor-paixão" e "a laicização do objeto do amor" (COSTA, 1999, p. 40). Se, no primeiro aspecto pode-se destacar como *ethos* o sofrimento da renúncia como a própria definição de felicidade, no segundo ponto destacado, é importante observar a mundanização do amor e a valorização de uma determinada imagem de personagens mulheres. Interessa-nos, nesse ponto, ler o amor cortês como uma cultura que se configura em contraponto ao amor enquanto Supremo Bem, figura como influência fundamental para o amor-paixão romântico dos séculos XVII e XIX.

A versão "religiosa" e cientificista dos séculos XVI e XVII fundamentam grande parte de nosso imaginário ocidental sobre o amor. O espírito do mecanismo e sua posição analítica produzem um novo paradigma ao proporem a redução de fenômenos a elementos menores para, assim, compreender o todo. Monzani (1995) considera que um dos primeiros autores responsáveis por elaborar um pensamento sobre o amor neste contexto diverso da visão clássica é Hobbes, o que, portanto, nos remonta ao século XVII.

Monzani (1995) afirma que desde São Tomás de Aquino, na antiguidade, há uma hierarquia das paixões ao serem classificadas por amor-ódio, desejo-aversão e prazer-desprazer. Se no século XVII, o par desejo-aversão ocupava o primeiro posto, no século XVIII é o prazer-desprazer que toma evidência. Logicamente, tal mudança não se deu de maneira simples e linear, mesmo porque as posições insistem em oscilar ao longo do tempo e em cada contexto. O elemento fundamental das paixões, em Hobbes, está ligado à *faculdade motriz* do espírito. Como afirma Monzani (1995, p. 95):

> O que Hobbes denomina faculdade motriz do espírito difere da faculdade motriz do corpo. Neste último, essa faculdade é o poder que o sujeito tem de mover outros corpos assim como seu próprio e se denomina *força*. Já a faculdade motriz do espírito é o poder que ele tem de imprimir o movimento animal no corpo no qual ele existe. Os atos desse corpo são denominados *afetos* ou *paixões*.

Nesse sentido, diferentemente de um movimento automático presente nas faculdades que regem o corpo, a força motriz do espírito tornar-se-ia ato voluntário. O núcleo dessa força motriz possui um vetor sujeito-objeto, sendo este último o provocador do ato de amor. Além disso, o elemento irredutível dessas paixões, o *conatus* em Hobbes, por sua característica mesma da irredutibilidade aliada ao racionalismo marcante em seu pensamento, realoca o amor como algo que não se encontra mais a serviço de uma *escalada* para algo transcendente, ou para um Bem e uma moral. É, portanto, a paixão, um elemento que está condicionado à satisfação como condição humana natural. Além disso, longe do conflito entre corpo e alma, no amor em Hobbes, somos fundamentalmente egoístas, e somente Leviatã em sua violência legalizada poderia conter o amor de si (MONZANI, 1995).

Para Costa (1999) e Monzani (1995), é deste amor de si como egoísmo que parte La Rochefoucauld. Conforme afirma Costa (1999, p. 62):

> A metafísica do sujeito amoroso desembocou em uma metafísica do mal escondido em cada um de nós. Não se tratava mais da paixão da carne, das seduções da volúpia ou da presença sexual do pecado original. O amor, descrito de forma científica ou na linguagem dos "moralistas", é apenas um subproduto do desejo. Em sua verdadeira natureza, é uma contrafação do egoísmo "natural" do indivíduo.

Nesse ponto já é possível notar uma profunda laicização do amor, que, posteriormente, em Locke e Condillac, considera-o como advindo do desejo e a serviço do prazer/sensação. Portanto, esta não referência a um plano transcendente aponta, justamente, para uma interiorização subjetiva, como afirma Costa (1999, p. 62): "[o] amor era o nome dado a um conjunto de impressões sensoriais de prazer".

No que diz respeito à sociedade de corte, Costa (1999) afirma que aí se dá o nascimento do sujeito amoroso — elemento fundamental para a discussão aqui empreendida. Nesta, conforme afirma Norbert Elias (1987), a separação entre os domínios da vida pública e privada eram bastante precárias no Estado dinástico, pois, diferentemente da posterior sociedade industrial — com parlamentos, imprensa, partidos políticos, justiça e normas culturais diversas entre homens e mulheres —, ainda havia um sentimento bastante rudimentar quanto a papeis sociais mais bem definidos, fato que tinha como resto o temor aos mais poderosos enquanto princípio.

Esta sociedade pré-industrial era governada por uma unidade monarca. Elias (1987, p. 219) afirma que, posteriormente, com o processo de urbanização e industrialização em que a "nobreza cavalheiresca" se transforma numa "nobreza aristocrática de corte" — impulsionada pela burguesia ascendente, "[...] as recordações idealizadas do artesanato e da vida no campo como símbolos de um passado melhor, de uma vida livre, natural, opõem-se às coerções do ambiente urbano e industrial". Fato este que já resulta num romantismo idealizado pela nobreza de corte a partir de um sentimento de "nostalgia melancólica".

Com esta crescente setorização da sociedade, a diversificação dos papéis, a monetarização das relações, entre outros aspectos, Elias (1987) considera que os partícipes das mais altas classes passaram a tratar das relações sociais como um repertório crescente de "couraças". Personas e máscaras, num sentido metafórico, eram utilizadas no delicado trato com o outro, o que vai configurando, ao longo do tempo, um distanciamento entre os indivíduos — resultado também do aprofundamento da complexidade de papéis sociais, bem como da divisão social. No entanto, isso não se dá sem consequências, pois como afirma Elias (1987, p. 244):

> Muitas vezes os homens têm consciência desse patamar da reflexão como parte integrante de sua couraça. De acordo com sua situação, eles a consideram de maneira positiva, sob a denominação de "entendimento" ou "razão", ou de maneira romântica e negativa, como grilhões que aprisionam os sentimentos, como barreiras, como deformações da natureza humana.

Tais barreiras parecem configurar um contexto em que a vida pastoral era sobremaneira idealizada. Fato que possui correspondência com a manifesta insatisfação presente num cenário cultural em que as couraças distanciam os indivíduos de si e dos outros. Notadamente, conforme afirma Elias (1987, p. 257-258) — também citado neste trecho por Costa (1999):

> O uso que fazemos da palavra "amor" hoje em dia nos faz esquecer com freqüência que, no caso do ideal amoroso, considerado na tradição europeia sempre como modelo de todos os relacionamentos amorosos reais, trata-se de uma forma de vínculo afetivo entre o homem e a mulher determinado em grande medida por normas sociais e pessoais. Em *Astréia* encontramos essa modelagem da afetividade como ideal de uma camada intermediária da aristocracia, já bastante assimilada pela corte. O amor do herói do romance, *Celadon*, pela heroína, *Astréia*, não é simplesmente um desejo apaixonado de um homem pela posse de uma certa mulher. Na versão aristocrática, encontramos aqui uma forma de relacionamento amoroso bastante similar ao ideal amoroso romântico da literatura burguesa posterior. Trata-se de um vínculo sentimental apaixonado e recíproco de um jovem solteiro em particular e de uma jovem solteira em particular, que só podem encontrar sua realização no casamento, um vínculo inteiramente exclusivo. É o desejo desse homem por essa mulher e por nenhuma outra, e vice-versa. Portanto, o ideal de vínculo amoroso pressupõe um alto grau de individualização. Ele exclui qualquer relação amorosa de um dos parceiros com uma terceira pessoa, ainda que seja algo passageiro.

Esta ampla citação é justificada pela dimensão que ocupa enquanto fundamental do romantismo amoroso como ideal que carrega suas marcas até os dias atuais: de uma paixão tão forte que, mesmo em sua *feliz melancolia*, figura como um desejo entre dois seres contra — e apesar de — diversas máscaras adotadas naqueles vínculos sociais. Passo decisivo para um dos pilares do amor romântico como ideal e que será sistematizado, posteriormente, por Rousseau em sua pedagogia.

2.3 Amores clássicos: ilusão e mito fusional

Ilusão, um dos possíveis nomes do amor, faz-se presente justamente em sua face fusional — como veremos a seguir nas discussões d'*O Banquete* de Platão e em *O amor e o ocidente*, de Rougemont. Um dos sentidos aí implicados diz respeito ao que Werther, de Goethe (2009), deixa bem claro: o amor falta. Posição poética enfatizada por Carlos Drummond em seus famosos poemas sobre o amor, destacado aqui em especial a *Receita de ano novo*, em que afirma: "havendo amor, haverá paz? Amor é o contrário radioso dela". Mas a falta implicada no amor pela impossibilidade de uma fusão não o desqualifica. Pelo contrário, abre novos espaços.

Vilhena (1991b), em seu artigo intitulado "Viver juntos nos mata. Separarmo-nos é mortal". A ilusão grupal e a incapacidade de ficar só", versa acerca da solidão como experiência de exclusão, de aniquilamento e de morte, conduzindo-nos ao enigmático campo dos afetos (angústia, tristeza, medo ou alegria). Nas palavras da autora:

> Ilusão fundadora e estruturante para alguns autores tais como Freud e Winnicott, permitirá (ou não) que o sujeito se constitua como sujeito desejante. Para outros, como Chassergett-Smirgel e alguns teóricos das relações objetais, a busca compulsiva do retorno mítico, quando o homem era seu próprio ideal, deverá ser abolida em função da continuidade da vida psíquica, uma vez que a ilusão não permite diferenças. (VILHENA, 1991b, p. 13).

Compreendemos o significante *ilusão* supracitado em seu sentido imaginário, ou seja, o da idealização amorosa. Nesse sentido, tomamos a posição Freudiana do amor como uma *ilusão necessária*, relacionada à busca incessante pela plena satisfação, desde seu caráter pulsional, portanto, até as inúmeras possibilidades de encontro via fantasia. Surge aí, portanto, o significante *ilusão* em contexto diverso daquele onde é empregado cotidianamente. É da célebre obra freudiana intitulada *O futuro de uma ilusão* (1927) que podemos pensar este termo não como um erro ou delírio, mas como derivação dos desejos, uma vez que sua realização faça sentido a um sujeito.

Mas de onde vem esse mito fusional? Como, mesmo em obscuridade, ele chega aos nossos modos de viver e à nossa constituição subjetiva? Por que o mito insiste em retornar e permanecer atual mesmo que por vezes se mostre indecifrável em nossa vida contemporânea tão culturalmente diversa? Aliás, o que é um mito?

De acordo com Rougemont (1988), o mito é uma história com características simples, que condensa uma série de situações análogas e constantemente repetidas em meio a um emaranhado completo de situações cotidianas. Por meio do mito, enunciam-se regras de conduta de um grupo social ou religioso sem que, para tanto, se faça necessário delimitar bem sua autoria, sua origem e seu sentido. Com isso, o mito carrega o simbolismo de uma série de expressões anônimas de realidades coletivas. Isso se aproxima de uma de suas características mais importantes, o grande poder simbólico que exerce culturalmente — vide, por exemplo, a imunidade às tentativas de silenciá-lo.

Rougemont (1988) propõe considerar o romance de *Tristão e Isolda* como um mito que exprime a relação entre homens e mulheres num período histórico específico, a saber: a cavalaria dos séculos XII e XIII. Veremos mais adiante, também, a estrutura mitológica do discurso de Aristófanes, presente n*O Banquete*, bem como as implicações dessa perspectiva fusional no discurso iluminista em Rousseau, quando, em *Emílio*, são apresentadas as personas do amante e da amada na constituição da família nuclear burguesa — estrutura base da vida na democracia e pedagogia rousseauniana.

Nesse percurso de estudo, acredita-se ser possível uma aproximação à estrutura mitológica presente no amor como uma ilusão necessária ao sujeito — em termos culturais e subjetivos — e que carrega consigo a dimensão de um ideal de eu. Assim, a problematização do amor se justifica pela tentativa de aproximação com esta instância fundamentalmente imaginária — presente na mediação com o outro assim como o supereu —, para enfim buscar uma possível dialetização.

Dito de outro modo, pensemos primeiramente na rígida estrutura do amor romântico como ideal para, em seguida, relacioná-lo à sua face de vulnerabilidade que parece estar implicada na chamada feminização do vírus do HIV/Aids em Belém do Pará. Afinal, coisa rara é escutar que, por amor, o sujeito se protege de si e do outro. Mais fácil é associar amor à total entrega. Veremos em seguida, portanto, uma das possíveis formas de articular amor e mito em psicanálise, para que, enfim, iniciemos um diálogo com este emaranhado mitológico-cultural aqui enunciado.

2.4 Amor e mito, cultura e subjetividade

Na relação entre o sujeito e o outro, os mitos desempenham papel fundamental ao fornecer uma ordem de valores gerais que legitimam os laços sociais. Nesse sentido, os mitos carregam um componente de verdade que se faz presente tanto nas trocas simbólicas de um povo quanto em fantasias do sujeito. Nesse ínterim, o que dizer do amor? Esse elemento para além de qualquer delimitação científica, que atravessa narrativas em todos os tempos de que se tem notícia como um verdadeiro amálgama entre os cenários, as cenas, seus atores e autores (BACCHINI *et al.*, 2016).

Com o intuito de dar conta de um trajeto que tangencie a problemática do mito como verdade cultural e subjetiva — bem como sua interface com o tema do amor — toma-se como fio condutor a discussão empreendida por Lévi-Strauss e Lacan acerca do mito em seu papel cultural e individual, elegendo-se o amor como objeto de estudo devido a seu papel fundante no que diz respeito à constituição da subjetividade e no tratamento psicanalítico — e ao fato de que, na psicanálise, o amor também é abordado a partir dos mitos de Narciso e de Édipo.

A discussão empreendida entre as várias esferas de nossa cultura acerca do que seria *verdade* ou *mito* em relação a temas como crenças, superstições e descobertas medicinais alternativas chama atenção para representações sociais acerca de temas tão profundamente debatidos na história do pensamento. Nesse espaço, é comum encontrarmos uma polarização terminológica entre mito e verdade, como se dissessem respeito à face e ao verso de uma comprovação da realidade, o que Lévi-Strauss e Lacan questionam.

Para abordar o tema, a dicotomia básica entre língua (*langue*) e fala (*parole*) — proposta pelo ensino de Ferdinand de Saussure (2006) presente no *Curso de linguística geral* — é uma boa aproximação para que se possa discutir aquilo que é histórico e social, mas que insiste em ser atualizado nos primórdios da constituição da própria subjetividade.

De fato, este par auxilia sobremaneira a presente exposição argumentativa, uma vez que se compreenda a distinção entre a *langue*, como o que é da ordem da cultura, e *parole* como presente no campo subjetivo. Como afirma Carvalho (2013) a partir de Saussure, a *langue* se apresenta em três concepções: Como acervo linguístico, diz respeito a *hábitos* da fala que permitem que os seres possam se comunicar; como instituição social, é um conjunto de *convenções* necessárias às trocas linguísticas presentes na massa, sociais e também no indivíduo; e, como realidade sistemática e funcional, apresenta-se em forma de *signos reunidos em um sistema homogêneo* necessário para a expressão de ideias. Já o termo *parole* em Saussure (2006, p. 22) diz respeito a "um ato individual de vontade e inteligência" em que estão implicados: "1º, as combinações pelas quais o falante realiza o código da língua no propósito de exprimir seu pensamento pessoal; 2º, o mecanismo psicofísico que lhe permite exteriorizar estas combinações".

Trata-se, pela via da linguística estrutural, de uma superação da dicotomia entre o que seria universal e o que seria particular, uma vez que, para que possa haver uma homogeneidade de regras que o linguista identifica na *langue*, é necessária a prática da *langue* entre os falantes. Por sua vez, estes somente podem se comunicar por haver algo que se coloca como invariável, ou seja, de caráter estrutural.

É, por sua vez, a Saussure que Lévi-Strauss (2008, p. 201) dedica seu texto intitulado "A eficácia simbólica" para discutir justamente a presença daquilo que se expressa acerca do universal e do singular concomitantemente em sociedades "primitivas" e nas culturas modernas ocidentais. Neste, o antropólogo faz referência ao trabalho de Wassen e Holmer na descoberta do que ele considera o primeiro grande texto mágico-religioso de culturas sul-americanas. O já tão difundido estudo trata de um longo encanto conferido pelo xamã (segundo o velho informante cuna, Panamá, chamado Guillermo Haya) cujo objetivo é auxiliar um parto complicado. Pode-se vislumbrar, grosso modo, como se dá tal rito:

> O canto começa por uma descrição da aflição desta última, sua visita ao xamã, a saída deste em direção à casa da parturiente, sua chegada e seus preparativos, que consistem em fumigações de feijões e cacau queimados, invocações e confecção das imagens sagradas, os *nuchu*. Essas imagens, esculpidas em determinadas madeiras, que lhes dão sua eficácia, representam os espíritos protetores que o xamã emprega como assistentes, e que pega pela cabeça para levá-los até a morada de *Muu*, força responsável pela formação do feto. (LÉVI-STRAUSS, 2008, p. 201-202).

Nesta cerimônia, a força *Muu* foi além de suas responsabilidades e acabou por se apossar da alma — *Purba* — da mãe. Seu objetivo é resgatar o *Purba* da parturiente, de maneira a libertá-la. Lévi-Strauss (2008) considera que há uma forma que se repete nos rituais de cura de maneira geral, a saber, o adoecimento como causado pela perda de um duplo espiritual do doente e o resgate deste buscado por meio de tratamentos referenciados a entidades sobrenaturais. No entanto, o autor afirma que o que mais chama atenção não é a repetição, mas sim o que há de novo neste ritual, a saber: um itinerário tanto mítico quando material inscrito no próprio corpo.

A cura xamânica leva em conta o transcorrer minucioso de uma história que precede o encontro entre a parturiente e seu cuidador, pois o fundamental aí é realizar uma aproximação do que há de realidade do corpo e do processo intrauterino para o mundo exterior. Nas palavras de Lévi--Strauss (2008, p. 210) "[a] técnica da narrativa visa, portanto, à restituição de uma experiência real, da qual o mito apenas substitui os protagonistas, que penetram no orifício natural". Desse modo, para ajudar a mãe em seu parto, seriam necessárias uma "mitologia psicofisiológica" e uma "mitologia psicossocial".

Notadamente o ritual é bem mais rico em detalhes, conforme pode ser lido em *Antropologia Estrutural*, mas o interessante destas notas é realizar uma retomada do que Lévi-Strauss (2008) afirma: importa menos considerar o que é ou não realidade neste ritual, do que observar que sua função se faz valer na medida em que tanto a paciente quanto a sociedade da qual faz parte creem no mito.

Diferentemente do que ocorre na cura biomédica, na qual a doença é por vezes atribuída a organismos diminutos, a cura xamânica envolve uma relação "entre símbolo e coisa simbolizada, ou, como dizem os linguistas, entre significante e significado" (LÉVI-STRAUSS, 2008, p. 213). Além disso, o autor chama atenção para o caráter de repetição presente nos mitos das mais diversas culturas, o que constitui mais uma de suas características fundamentais:

> O mito, quer seja recriado pelo sujeito ou tomado da tradição, só tira de suas fontes, individual ou coletiva (entre as quais interpenetrações e trocas se produzem constantemente), o material de imagens com que opera. A estrutura permanece a mesma, e é por ela que a função simbólica se realiza. (LÉVI-STRAUSS, 2008, p. 219).

Assim, afirma Lévi-Strauss (2008), a cura se dá pelo fato de que o xamã fornece à mãe uma linguagem inteligível para uma experiência anárquica, desbloqueando assim os processos fisiológicos impeditivos ao parto. Por conta disso, haveria um paralelo entre tal cura e aquela empreendida pelo psicanalista, pois, em ambos os casos, haveria uma tentativa de trazer à consciência fenômenos inconscientes e promover a dissolução de conflitos a partir de um progressivo conhecimento adquirido por uma experiência específica que organiza aquilo que estava fora de controle.

Em resposta a Lévi-Strauss (2008) sabe-se que Lacan (2008a) escreve *O mito individual do neurótico* em que, no princípio, discute a problemática da cientificidade da psicanálise. Ele afirma que, embora seja pouco criteriosa a crítica que a compara a uma arte, ela não seria incorreta se tomássemos a palavra *arte* no sentido das *artes liberais* da Idade Média — que englobam a dialética, a geometria, a astronomia, a aritmética, a música e a gramática. A estas a psicanálise é comparável "por aquilo que ela preserva dessa relação de medida do homem consigo mesmo — relação interna, fechada em si mesmo, inesgotável, cíclica, que o uso da palavra, por excelência, comporta" (Lacan (2008a, p. 9).

Devido a isso, afirma Lacan (2008a), a experiência analítica implica uma verdade que somente pode ser contornada pela fala e, portanto, nunca é atingida. No entanto, por mais que não possa ser objetivada, tal experiência pode ser expressa a partir da fórmula discursiva do mito — este que se constitui somente a partir do caminhar da fala. A fala só pode expressar a verdade de modo mítico. Assim o complexo de Édipo no qual a psicanálise teoriza a relação intersubjetiva é mítico. Nas palavras do autor:

> Se nos fiarmos na definição do mito como uma certa representação objetiva de um *epos* ou de uma *gesta* que exprime de maneira imaginária as relações fundamentais características de certo modo de ser humano em uma época determinada; se o compreendermos como a manifestação social latente ou patente, virtual ou realizada, plena ou esvaziada de seu sentido, desse modo de ser, podemos então certamente reencontrar sua função na própria vivência do neurótico. (LACAN, 2008a, p. 10).

No caso da cura xamânica, o recurso ao mito se apoia no imaginário da comunidade, com suas crenças e costumes próprios. É por essa razão que Lévi-Strauss fala de "mitologia psicossocial". O xamã, no canto que utiliza para a cura da parturiente, recorre a significantes da mitologia psicossocial própria à comunidade em que vive — mitologia essa carregada pela crença, tanto dele quanto da própria parturiente. A fala do xamã (*parole*), neste caso, acede ao imaginário psicossocial, o que acaba por ter efeito no real. Ora, o que ocorre no caso da psicanálise?

A mitologia psicossocial própria ao tempo em que a psicanálise emergiu na história guarda diferenças marcantes se comparadas à comunidade xamânica analisada por Lévi-Strauss. O próprio Lévi-Strauss, aliás, como já dito, diferencia a cura xamânica da psicanalítica ao afirmar que, no segundo caso, o paciente se dirige a um psicanalista a partir de seu mito individual. Como entender tal afirmação? O mito, pois, não tem sua dimensão na ordem social, exprimindo relações de um certo modo de ser-humano de uma determinada época? A ordem própria em que o mito se situa não seria a ordem social, simbólica? Nesse caso, como entender que um mito seja individual?

Ao comentar o caso do *Homem dos ratos*, Lacan (2008a, p. 25) afirma que é a manifestação do roteiro fantasístico que se pode extrair do caso o pequeno drama que nele se articula, o que se pode chamar de mito individual do neurótico. Não convém aqui refazer o percurso de Lacan na exposição desse caso, mas sim compreender a dimensão individual do mito contrapondo a experiência psicanalítica à xamânica tal como indicado por Lévi-Strauss. Enquanto ao xamã é permitido o recurso a uma mitologia psicossocial, na psicanálise essa mitologia só pode ser encontrada na fala do próprio paciente. Em outras palavras, enquanto o xamã recorre ao imaginário psicossocial da comunidade através de sua fala, o psicanalista escuta a fala do paciente, e é por meio dessa fala em associação livre, própria à situação analítica, que se constrói o mito. É, por meio do relato mítico, que é uma ficção com acento épico, que se pode ter acesso à estrutura. O mito individual do neurótico é o que está em jogo no contexto do processo analítico.

O que sobressai aos ouvidos de um psicanalista é a possibilidade de articulação ao mito como metáfora. Precisamente nesse ponto, Azevedo (2004, p. 15) argumenta que a análise de Lacan, a partir de Freud, toma o inconsciente estruturado como uma linguagem paradoxal, na qual convivem os opostos e a repetição, bem como a tendência a retornar sempre ao mesmo ponto. Dito de outra maneira, a linguagem inconsciente revela uma busca incessante ao neurótico em tentar reencontrar "uma satisfação originária e absoluta e, portanto, mortífera". Nesse sentido, torna-se fundamental analisar a mitológica psicanalítica, que aqui será brevemente dirigida a tangenciar o tema do amor na constituição da subjetividade.

Conforme leituras empreendidas por Carlos Alberto Nunes — em sua tradução de *Ilíada* (HOMERO, 2001) — e Denis de Rougemont (1988), histórias recontadas e revividas, imunidade crítica e ausência de autores conhecidos parecem ser características essenciais do mito. Além destas, a que mais importa, a saber: o grande poder simbólico que o mito exerce sobre nós e sua imunidade a qualquer tentativa de silenciá-lo. Assim, importa menos o seu caráter consciente, historicamente transcrito e datado, do que seu poder de servir como aporte cultural e mesmo como metáfora para o que há de mais individual — latente e/ou manifesto — na vida de cada sujeito. É o que analisa Vilhena (1991a, p. 94-95) em seu artigo intitulado "Mito e fantasia: conjunções e disjunções no grupo familiar": "[u]m mito, como conjunto organizado de representações explícitas ou implícitas". "O que é funcional e pregnante no mito é a parte ligada às fantasias, sobretudo às fantasias primitivas".

De fato, o desenvolvimento de conceitos fundamentais da psicanálise, como o *complexo de Édipo* e *narcisismo*, revela a importância da mitologia na própria trama da teoria psicanalítica. Mais ainda, incluindo a transferência nessa série de conceitos fundamentais, pode-se apontar para uma característica que se revela fundamental e que, nesse sentido, merece investimento: o papel fundamental do amor tanto no que se refere à psicanálise em seus fundamentos como aos fenômenos culturais contemporâneos.

Levando estas considerações como pontos centrais, retoma-se brevemente o mito de Narciso — para que se possa pensar a respeito do desenvolvimento da sexualidade pré-edípica — presente em *Metamorfoses*, de Ovídio (43 a.C. – 18 d.C.) segundo tradução de Raimundo Nonato Barbosa de Carvalho (2010). Nele consta a narrativa de que a ninfa Liríope, enlaçada por Cefiso, dera à luz Narciso, o filho digno de ser amado. Entretanto, ao consultar o adivinho Tirésias sobre por quanto tempo seu filho viveria, Tirésias lhe responde: somente enquanto ele não viesse a se ver!

Sua beleza era evidente aos olhos de moças e rapazes, os quais, por sua vez, não recebiam retorno algum de seus olhares. Contudo, tal encontro com o outro ocorre quando Narciso se deixa capturar pelas reverberações da voz de Eco, personagem que se encontrava sob o sortilégio de apenas repetir as últimas palavras que ouvia das falas — efeito dos desígnios de Juno, revoltada com os contos que ouvira de Eco por creditar-lhes efeitos de acobertamento para as infidelidades de Júpiter (CARVALHO, 2010).

Ainda assim, com os impeditivos presentes na fala de Eco e na possibilidade de encontros por Narciso, tais dificuldades foram sobrepujadas a partir do atribulado diálogo:

> [...] 'Alguém me escuta?', 'escuta!' rediz Eco. Queda-se atônito, dirige o olhar a toda parte, alça a voz e diz: 'vem!'; ela chama quem chama. Volve o olhar e não vendo ninguém diz: 'Por que foges de mim' e ouve de volta a mesma frase. Detém-se e, iludido por voz replicante, fala: 'aqui nos juntemos!', e Eco, com volúpia nunca experimentada, devolveu: 'juntemos!' (CARVALHO, 2010, p. 380-387).

Ainda assim, no momento mesmo do encontro, Narciso a evita suplicando que não o abrace, o que faz surgir nela um profundo sentimento de vergonha, além de uma dor que cresce com o amor não consumado. Ante tal infortúnio, restou a ela esconder-se em monte onde nunca mais seria vista, mas somente escutada por seus *ecos*. Narciso também não escapa à má sorte, pois as súplicas de um de seus desprezados são atendidas, e ele passa a poder amar, sem, no entanto, jamais possuir o outro amado (CARVALHO, 2010).

Nesse momento se dá o tão consagrado ponto de encontro de Narciso com sua própria imagem refletida em fonte límpida. Ali se afoga com o deslumbre de sua própria imagem: "[o]h! Se eu pudesse separar-me de meu corpo! Desejo insólito: querer longe o que amamos!" (Metamorfoses III, 467-468).

É justamente ao mito grego que o criador da psicanálise faz alusão, segundo ele mesmo afirma na conferência XXXII das *Novas conferências introdutórias* (FREUD, 1933 [1932]). O estudo do narcisismo — termo utilizado por Freud (1972, v. 11) pela primeira vez em *Leonardo da Vinci e uma Lembrança de sua infância* — tem como uma das principais vias de acesso o estudo da vida amorosa. Nesta, duas são as possibilidades que se mostram, que tem como pressuposto que os primeiros amores, a si mesmo e a quem cuida, sempre deixam marcas: ama-se a si mesmo escolhendo um objeto que se assemelhe a si, em uma escolha narcísica de objeto, ou ama-se buscando um objeto segundo o modelo do pai que protege e da mãe que cuida quando a forma de amar é anaclítica, ou de apoio. O amor do tipo narcísico revela a predominância do narcisismo, enquanto a escolha anaclítica faz referência à forma objetal de amor — oposição que será discutida de forma mais extensa no próximo capítulo.

A partir da introdução do conceito de narcisismo em 1914, passa-se a levar em consideração a relação originária entre o sujeito e o investimento narcísico do qual é objeto por parte dos pais, que lhe possibilitará a ilusão de onipotência e completude que constitui seu eu ideal. O amor narcísico pode ou tomar o próprio eu como modelo para a escolha de objeto — que será idealizado e insubstituível — ou colocar o sujeito na posição daquele que é passivamente amado, e não no lugar de desejante — eludindo a castração. O tema da ilusão de completude também é analisado em e *Psicologia das massas e análise do eu*:

> É no caso desse enamoramento [das pulsões ternas da primeira infância inibidos em sua meta] que desde o início nos saltou à vista o fenômeno da superestimação sexual. [...] O que aí falseia o juízo é o pendor à idealização. Com isso nós vemos facilitada a orientação; percebemos que o objeto é tratado

> como o próprio Eu, que então, no enamoramento, uma medida
> maior de libido narcísica transborda para o objeto. Em não
> poucas formas de escolha amorosa torna-se mesmo evidente
> que o objeto serve para substituir um ideal não alcançado do
> próprio Eu. (FREUD, 1972, v. 18, p. 71).

Pode-se citar aqui o trecho do poema intitulado *Amar se aprende amando* de Carlos Drummond de Andrade (2018): "[o] ser busca o outro ser, e ao conhecê-lo / acha a razão de ser, já dividido. / São dois em um: amor, sublime selo / que à vida imprime cor, graça e sentido".

Do ser dividido busca-se o selo da união que, pela via do amor, conferiria a completude ao sujeito. Impossível não fazer referência, como Lacan no seminário VII, ao discurso de Aristófanes n'*O Banquete* de Platão, sobre a primitiva natureza humana não cindida, circular (o que concede a prerrogativa de uma unidade), para a qual se almeja que o amor reconduziria. Em represália à onipotência, os deuses que optaram por separar em dois aqueles *(in)divíduos* ao sexualizá-los, ou seja, ao dividi-los. Assim, sua antiga força fora também cortada ao meio, restando a esperança de reaver tal completude arcaica:

> [...] inteiriça era a forma de cada homem, com o dorso redondo,
> os flancos em círculo, quatro mãos ele tinha, e as pernas o
> mesmo que as mãos; dois rostos sobre um pescoço torneado,
> semelhante em tudo, mas a cabeça sobre os dois rostos era
> uma só (PLATÃO, 2001, p. 57).

Essa multiplicidade de membros dava ao homem uma maior mobilidade e poder, a ponto de ousarem planejar um ataque aos deuses. O castigo não tarda, e Zeus corta esse homem primitivo ao meio, separando-o em inverso e reverso. Cabe a Apolo a função de retocar esses seres e, por meio de uma plástica, dar-lhes a ilusão de inteireza e unidade. Permaneceu, entretanto, a sensação de incompletude e a ânsia de cada metade se unir à outra. O que primitivamente fora um duplo masculino são agora duas metades masculinas que se procuram; o que fora antes um duplo feminino são agora duas partes femininas que querem se completar; o que fora um duplo andrógino, resulta em uma parte feminina e outra masculina que tentam refazer, no amor, a unidade perdida. "O amor, assim, fundamentalmente, não é busca do semelhante, mas busca da totalidade partida, da unidade quebrada" (VILHENA, 2006, p. 94).

> A infelicidade dessa duas metades, procurando-se em vão e não se encontrando senão através da mediação de uma ferida comum e terminando por morrer dessa união impossível, nos fala de alguma maneira do fenômeno passional. Um segundo momento, que o mito nos fala, ocorre a partir da segunda modificação de Zeus. Com o deslocamento dos órgãos genitais, de maneira a situá-los à vista de cada metade, a realização da necessidade de fusão pode agora se efetuar através da mediação do desejo sexual, pois não concerne mais à unidade narcísica, mas à sua forma metonímica (VILHENA, 2006, p. 107).

Da completude à cisão e do dois fazer-se um, ocupam-se variados contos, romances escritos, músicas, entre outras expressões artísticas que apontam para esse *algo* que insiste em se fazer presente na cultura e na vida individual. Sobre isso, em sua carta a Fliess de número 71, Freud (1972, v. 1, p. 358) inicia seu desenvolvimento:

> Um único pensamento de valor genérico revelou-se a mim. Verifiquei, também no meu caso, a paixão pela mãe e o ciúme do pai, e agora considero isso como um evento universal do início da infância, mesmo que não tão precoce como nas crianças que se tornaram histéricas. (Algo parecido com o que acontece com o romance da filiação na paranóia - heróis, fundadores de religiões.) Sendo assim, podemos entender a força avassaladora de *Oedipus Rex*, apesar de todas as objeções levantadas pela razão contra a sua pressuposição do destino. (FREUD, 1972, v. 1, p. 358).

Freud (1972, v. 1) escreve sobre Édipo em sua universalidade com o cuidado inicial de afirmar a *razão* em contraponto ao possível erro de tomar o mito como *destino* no sentido usual da palavra. Pensamos, com Freud, que a ênfase pode ser dada em direção às identificações que a tragédia provoca no espectador por temas cruciais como incesto e parricídio, relativos ao particular e também à cultura — problemática desenvolvida em *Totem e tabu* (FREUD, 1913). Ambos os temas estão relacionados a relações de amor e ódio, ambivalência afetiva do infantil destinadas às figuras parentais, que configuram base para ordenação da sexualidade.

A partir de Freud, o amor primordial à figura materna se encontra ameaçado pela descoberta das diferenças sexuais, pela interdição do incesto e pelo complexo de castração. Notadamente a riqueza de detalhes acerca do complexo de Édipo excede ao tema, mas importa destacar que desse cenário trágico resta ao indivíduo a inserção na cultura, pois mesmo que se deva renunciar ao primeiro objeto de amor, pode-se *transferir* a demanda emergente a substitutos.

Freud dedicou um dos artigos sobre a técnica psicanalítica especificamente a este tema. No artigo em questão intitulado "Observações sobre o amor transferencial (Novas recomendações sobre a técnica da psicanálise III)", Freud (1915[1914], p. 177) descreve o amor de transferência como:

> [...] o caso em que uma paciente demonstra, mediante indicações inequívocas, ou declara abertamente, que se enamorou, como qualquer outra mulher mortal poderia fazê-lo, do médico que a está analisando.

A primeira questão a ser feita em relação a esse amor é se ele é genuíno, isto é, se é um amor verdadeiro.

Colocar a questão de um amor verdadeiro é problemático, pois como identificar tal amor? O próprio Freud (1915[1914]) observa no artigo tratado que, para o leigo instruído, as coisas relacionadas ao amor são incomensuráveis e se acham escritas em uma página especial. No caso do amor de transferência, a situação em que o sentimento ocorre é claramente artificial, daí Freud (1915[1914], p. 178) afirmar que o médico "deve reconhecer que o enamoramento da paciente é induzido pela situação analítica e não deve ser atribuído aos encantos de sua própria pessoa". O que diferencia o amor de transferência de qualquer outro amor é o modo como o analista maneja a transferência e a própria estrutura da situação psicanalítica.

É conhecida a recomendação freudiana (FREUD, 1915[1914]) de interpretar o amor transferencial como manifestação da resistência à análise. Esse é, aliás, diz-nos ele, o argumento mais forte contra a genuinidade do amor que nela se manifesta. Entretanto, o argumento (FREUD, 1915[1914]) de que o amor transferencial não apresenta nenhuma característica que se origine da situação atual da qual emergiu, sendo, pois, repetição de reações infantis:

> É verdade que o amor consiste em novas edições de antigas características e que ele repete reações infantis. Mas este é o caráter essencial de todo estado amoroso. Não existe estado deste tipo que não reproduza protótipos infantis. É precisamente desta determinação infantil que ele recebe seu caráter compulsivo, beirando, como o faz, o patológico. (FREUD, 1915[1914], p. 185).

O que o amor de transferência mostra é o que os mitos sobre o amor, como o de Aristófanes, também sugerem. A busca de eludir o sofrimento relativo à divisão do sujeito, encontrando no objeto amado a completude, é sempre fracassado. O tema do amor ligado ao mito psicossocial tem seu valor mais uma vez afirmado, pois o mito tem características de permanência e inquestionabilidade justamente porque carrega uma verdade, que é a impossibilidade de realização a que se destina a idealização envolvida no amor.

O trabalho empreendido pela fala, no sujeito, faz referência à sua história singular, que se articula ao campo da linguagem cultural em seus hábitos, convenções e mitos. Mas a força do mito não é tributária somente de tal condensação, e sim do que carrega em seu seio, a saber: das verdades que o mito carrega.

Verdades estas há muito recalcadas, configurando estranhas cenas familiares à vida subjetiva do neurótico. Trata-se, portanto, de verdades constituídas em torno de fantasias primordiais que possuem a estrutura de um mito. Nesse sentido, não se trata de uma tentativa de alcançar a verdade originária sobre a vida subjetiva, mas de apontar a permanente atualidade da estrutura mitológica que circunda a vida do sujeito articulado à cultura do amor.

2.5 Do romance/mito de *Tristão e Isolda* ao amor e à destruição/morte

Antes de seguirmos em frente, há que se considerar o que aproxima o romance de *Tristão e Isolda* de um mito. Em primeiro lugar, é difícil afirmar que este possua apenas um autor, fato atestado por suas cinco versões "originais". Em segundo lugar, há um forte elemento sagrado em seu bojo (regras e cerimônias da cavalaria medieval que inclusive seguiam a denominação de *religiões*). Finalmente, o terceiro ponto diz respeito à obscuridade de sua origem, que parece indicar o caráter isento quanto às possíveis críticas de uma obra literária. Nas palavras de Rougemont (1988, p. 21):

> Não haveria mitos se fosse lícito limitar-se às certezas e exprimi-las de forma clara e direta. Ao contrário, o mito desponta quando se torna impossível ou perigoso confessar claramente certo número de fatos sociais ou religiosos, ou de relações afetivas, que todavia se deseja conservar ou que é impossível

> destruir. [...] *Mas precisamos de um mito para exprimir o fato obscuro e inconfessável de que a paixão está ligada à morte* [...].

Como veremos, Rougemont (1988) considera que o sucesso do romance, de maneira geral, se dá principalmente pela aproximação característica desse estilo literário entre temas centrais de amor e de morte. Mas antes há que se deixar mais bem marcado a importância do mito como tessitura de verdade, pela qual o sujeito destina suas construções mais íntimas, na tragicidade própria do psiquismo humano.

Bédier (2012, p. 1) reafirma a beleza deste romance como um "conto de amor e de morte" e expressa sua comoção ao ouvir sobre os enlaces, entraves e desfalecimentos presentes neste magistral conto de amor cortês. Não somente sua beleza interessa aqui, mas diversos pontos, como um antagonismo presente entre razão e sentimento, paz e sofrimento e realização e desfecho. Antagonismo que parece representar o ponto histórico preciso — apontado por Rougemont (1988) — de uma passagem da histórica cavalheiresca e cortês para o período feudal e, em especial, da passagem de uma relação cujo amálgama não seria mais o contrato, mas o amor. Lacan (2008b, p. 178) afirma que dos temas diversos que constituem o amor cortês, o luto se apresenta primeiro: "[o] ponto de partida do amor cortês, como expressou um daqueles que, na Alemanha do século XIX, colocaram em evidência essas características, é de ser uma escolástica do amor infeliz".

De fato, Brancaflor morre logo ao dar à luz uma criança cujo trágico já se enuncia em seu nome: Tristão. Mas este é adotado e educado pelo irmão de sua genitora, o Rei Marcos da Cornualha. Tal reinado possuía dura dívida com o reino da Irlanda, que, por meio de seu grande guerreiro Morholt, exigia moças e rapazes como tributos.

Tristão enfrenta o bravo guerreiro em seu primeiro triunfo, mas é ferido gravemente pela espada envenenada de Morholt. Sem ter como ser curado, parte numa pequena embarcação, sem rumo e somente com sua espada e sua harpa. Por ironia dos ditames marítimos, chega à Irlanda, onde é curado pela irmã do falecido Morholt — única pessoa que conhecia o antídoto para o veneno. Ali permanece sobre os cuidados da princesa Isolda, até antes de recobrar seus aspectos completamente saudáveis por risco de ser reconhecido.

Posteriormente, o rei Marcos decide que somente se casaria com a moça dos fios dourados que um pássaro lhe trouxera. Tristão lembra da princesa Isolda — pela singular colocação de seus cabelos — e volta à Irlanda em sua busca. Para não ser reconhecido, disfarça-se de comerciante e muda seu nome.

Naquele momento, rondava pelos limites do reinado um dragão temido até mesmo pelos mais bravos guerreiros. A tal ponto que o rei, pai de Isolda, jura a mão de sua filha a quem puder enfrentá-lo. Tristão aproveita a oportunidade — e o desafio — e consegue o grande feito. Porém, para provar sua conquista, corta a língua da fera e a guarda em suas vestes, o que, no entanto, acaba por envená-lo. Isolda e sua mãe o tratam novamente.

Tempos depois, durante o banho de Tristão, Isolda reconhece a fenda de sua espada que ficara na armadura de seu tio — marca da batalha entre Tristão e Morholt – descobrindo assim a verdade sobre ele. No entanto, ela o perdoa por ter reconhecido a batalha como legítima — além disso, alguns autores consideram que Isolda se sentiu atraída pelo herói naquele instante. Por ter livrado a Irlanda do monstro, o Rei dá seguimento à sua promessa, e Isolda parte em direção à Cornualha para se casar. Por outro lado, ela se mostra contrariada, pois sabia que era Tristão quem havia realizado o ato libertador ao eliminar a fera que ameaçava o reino. Sua ama Briolanja carrega consigo o vinho destinado a um casamento arranjado — um elixir para que se apaixonem —, mas quem acaba bebendo por engano são Tristão e Isolda.

Estarão destinados a se amarem por três anos, mas, ainda assim, Tristão cumpre com sua promessa ao Rei Marcos e entrega a moça de cabelos dourados — por mais que a paixão entre os primeiros já houvesse se consumado em ato. Por conta disto, Briolanja é quem ocupará, sorrateiramente, o lugar de Isolda no leito nupcial.

Porém, posteriormente, aquele amor dantes enfeitiçado é descoberto por Marcos e seus barões, o que faz com que o casal apaixonado fuja para a floresta de Morrois, onde vivem até que o efeito do vinho da paixão perca seu efeito. Desse fim, inicia-se um novo ciclo em que Isolda e Tristão se arrependem e retornam à corte em busca de perdão.

Em outras aventuras, Tristão — que acreditava ter perdido o amor da rainha e agora vivia de maneira casta ao lado de outra mulher — é novamente ferido e tem sua esperança de salvação frustrada pela própria Isolda, movida por ciúmes. Ambos, por fim, morreram abraçados uma vez que ela se arrependera desse ato.

Realizado este breve retorno à história, deve-se contextualizá-lo melhor para que se possa extrair o que dele se verifica como herança em tempos atuais. As regras cavalheirescas coercitivas no século XII somente desempenham papel de "obstáculo mítico e de figuras rituais de retórica" na obra. A paixão é, para Rougemont (1988, p. 153), um conteúdo proibido pelas regras de cavalaria, pois "enquanto paixão que deseja a Noite e triunfa numa Morte transfiguradora, ela representa uma ameaça violentamente intolerável para qualquer sociedade".

O mito se constitui no século XII, período de esforço para a garantia de uma ordenação social e moral, decorrente da primeira "crise do casamento" — conforme consta em crônicas, sermões e sátiras da época. Nem mesmo a religião era capaz de refrear tal conflito, o que garante ao romance de *Tristão* o papel fundamental de ordenamento da paixão pela disponibilidade simbólica de suas expressões (ROUGEMONT, 1988).

O amor-paixão se apresenta com tal poder que é capaz de formar força contrária até mesmo às regras cavalheirescas. Sua existência atravessa grande parte de nossa história ocidental e marca até hoje um enorme conjunto de obras que versam sobre as glórias e infortúnios a ela ligadas: da paixão arrebatadora de Werther, de Goethe, a "[t]e dei meus olhos pra tomares conta", como canta Chico Buarque em *Eu te amo*.

O apaixonamento de Tristão por Isolda parece se dar à vista não somente pelo elixir bebido por acidente, mas por algo a mais. Quando o rei Marcos decide se casar com uma moça de fios louros, é da imagem dos cabelos de Isolda que Tristão se recorda. Pela outra via, Isolda perdoa Tristão, pela morte de seu tio, quando ela o está cuidando em seu banho. Como afirma Vieira (2012), no marco zero do apaixonamento, há um plano visível e imaginário, embora aí não se esgote.

Tanto aí não se esgota, que a paixão entre os dois personagens do romance — ou *personagens míticos*, pelo caráter estrutural que se mostra — os leva adiante, para um além das tradições e, mesmo, para um além da própria vida. Nesta empreitada, ambos se perdem de si, na expressão de Vieira (2012), e passam a orientar suas próprias vidas em torno de uma fusão — mesmo que numa vida para além da terrena. Mas há algo a mais a dizer sobre esta diferenciação entre amor-paixão e o amor como um afeto, pois mesmo Lacan (1992, p. 112) realiza este jogo de aproximação e distanciamento quando afirma que o amor é pai de elementos tão distintos quanto: "Bem-estar, Delicadeza, Langor, Grafa, Paixão". Vejamos o que afirma Vieira (2012, p. 21) sobre uma possível definição:

> Na paixão, por definição, há um ponto cego fundamental no coração do Outro, o qual anima a imagem fascinante com que ele nos captura. O *amor-paixão*, ligado a esse ponto, que nunca enxerga tudo, é visionário. O *amor-emoção*, que só se liga ao

visível, é apenas, segundo Lacan, *Verliebtheit* – fascinação, ofuscamento e cegueira.

Para Rougemont (1988) a paixão não deixa de existir com a mudança desse quadro histórico, pois ela é sempre perigosa à manutenção da sociedade e carrega, como contrapartida, manifestações de ordenação equivalentes. Assim, o mito garante sua permanência cultural acerca da paixão pela manutenção de um certo tipo de relações que ele provoca. Nas palavras do autor:

> O mito de Tristão e Isolda não será apenas o Romance, mas o fenômeno que ilustra [...]. Paixão de natureza obscura, dinamismo excitado pelo espírito, possibilidade pré-formada em busca de uma coerção que o exalta, encanto, terror ou ideal: tal é o mito que nos atormenta. Que ele tenha perdido sua forma primitiva, eis justamente o que o faz tão perigoso. Os mitos destronados tornam-se venenosos, tal como as verdades mortas de que falava Nietzsche. (ROUGEMONT, 1988, p. 22-23).

De fato, a paixão aqui retratada se aproxima em demasia do sentido de (in)felicidade, revelando paradoxalmente que renunciamos a um ideal de vida harmoniosa em prol de um desejo que nos ultrapassa e aproxima a paixão à destruição. Nas palavras de Rougemont (1988, p. 17), "[o] amor feliz não tem história" segundo a tradição ocidental, pois nesta o que é exaltado é o sofrimento em detrimento da paz e do próprio prazer nos sentidos. Fato fenomenal, ainda nas palavras do autor:

> [...] o entusiasmo que mostramos pelo romance e pelo filme nascido do romance, o erotismo idealizado, difundido em toda a nossa cultura, em nossa educação, nas imagens que compõem o cenário das nossas vidas, enfim, a necessidade de fuga, agravada pelo tédio mecânico, tudo em nós e ao nosso redor glorifica a tal ponto a paixão que chegamos a considera-la uma promessa de vida mais viva, uma força que transfigura, algo situado além da felicidade e do sofrimento, uma beatitude ardente. (ROUGEMONT, 1988, p. 17-18).

Lacan (2008b) afirma que este ideal — nomeado pelo próprio como amor cortês — se apresenta em um conjunto de normas de conduta que, a partir da criação poética, adquirem a forma de uma estrutura. Além disso, vale ressaltar o fato de que tal criação, de acordo com Lacan (2008b, p. 181) "possa ter exercido uma influência determinante – secundariamente em seus prolongamentos históricos" e que "[o] objeto, nomeadamente aqui o objeto feminino, se introduz pela porta mui singular da privação, da inacessibilidade".

Acerca do estatuto do objeto feminino referido por Lacan (2008b), é interessante notar que, na conjectura do amor cortês e numa sociedade feudal, a representação da mulher é apresentada a partir da função de uma troca social nas relações de parentesco. Dito de outra forma, na configuração social, ela é assujeitada a uma função e não adquire a posição de um sujeito. Nesse sentido, a mulher da realidade não ganha corpo e apenas é representada numa retórica idealizante. Parece ser nesse sentido que Lacan (2008b, p. 181-182) afirma: "[n]esse campo poético, o objeto feminino é esvaziado de toda substância real" ao qual o homem "nada pode fazer senão demandar".

Em relação a este momento histórico, é importante considerar que o imaginário social acerca das mulheres se encontra sobrepujado face a todo um sistema hierárquico. Ela mal se encontra encarnada na poética do amor cortês. No entanto, há que se levar em consideração uma possibilidade de flexibilização dessas normas, aí inerente, precisamente na escansão do significante *Dona*. Afirma Lacan (2008b):

> [...] o termo *domnei* é empregado na terminologia do amor cortês. O verbo correspondente é *domnoyer*, que quer dizer algo como *acariciar*, *brincar*. *Domnei*, apesar da espécie de ressonância significante que faz com o dom, nada tem a ver com essa palavra – ele visa à mesma coisa que *Domna*, a Dama, ou seja, aquela que, num dado momento, domina. (LACAN, 2008b, p. 182).

É, portanto, pela via da sublimação expressa na arte, que o amor cortês provoca um questionamento quanto a toda uma estrutura social, onde um cavaleiro como Tristão, pode cortejar uma dama da corte. No entanto, não se pode apressar uma análise que considere já aí um questionamento do lugar da mulher na sociedade, pois por mais que esta possa adquirir uma posição de Dona, esta somente se encontra figurada num sentido esvaziado de corporeidade — no lugar de Coisa, como afirma Lacan (2008b).

Aliás, figuração esta que remete à própria estrutura imaginária na função do espelho, e, portanto, que refere ao narcisismo e ao próprio estatuto do objeto: inacessível, apartado de quem o persegue, que se rodeia sem nunca atingir e que aponta justamente para a impossibilidade. Aqui, faz-se necessário um breve percurso pelo *Seminário 20* de Lacan (1972-73/2010, p. 118), onde o tema do amor cortês novamente retorna:

> "Nós somos apenas um". Todos sabem, é claro, que nunca aconteceu, entre dois, que eles formassem apenas um, não é? Mas enfim, 'nós somos apenas um', é daí que vem essa ideia do amor, é realmente a maneira mais grosseira de dar a esse termo, a esse termo que se esquiva, manifestamente, da relação sexual, seu significado.

A impossibilidade inscrita em se ser *apenas um* exibe uma das características fundamentais da ilusão fusional empreendida pelo amor. Este que, de antemão, não deve ser compreendido como uma esfera parcial da pulsão sexual. Há que se diferenciar amor e sexo, como analisa Coutinho Jorge (2008) a partir de Freud e Lacan, pois uma vez que o gozo sexual não preenche a falta, o sujeito lança mão do amor como ilusão necessária. É precisamente esta criação tão humana que nos interessa analisar, pois acreditamos aí existir uma importante produção cultural e subjetiva: a idealização amorosa na busca de uma plena realização.

2.6 Por uma metafísica do amor em Platão

De acordo com Pessanha (1987), em Platão, a palavra *amor* está relacionada à fala, à palavra e ao discurso, apontando para proximidades entre *Logos*, com as diversas linguagens do amor, e *Eros* em suas várias faces. N'*O Banquete*, o tema do amor se revela não somente por meio de relatos obscuros e falhos, mas por silêncios. Além disso, deve-se notar que a obra é marcada por diálogos repletos de embates entre teses sobre o amor. Por conta desse esforço, como afirma Pessanha (1987), Platão se utiliza de variadas formas de diálogo — mitos, alegorias, matemática, entre outros —, pois a atividade filosófica deve se valer de variadas linguagens para dar conta de seus múltiplos objetos.

Do ponto te vista metodológico, Platão redireciona o pensamento filosófico. Dentre outros elementos, pelo que Pessanha (1987, p. 81) considera ser a "substituição do eixo construtor das explicações filosóficas, trocando o eixo horizontal-retroativo, típico do pensamento pré-socrático, pelo eixo ascensional, verticalizante". Assim, enquanto o primeiro buscava uma descrição histórica a partir de causalidades subsequentes até que se pudesse chegar a uma gênese comum a todos os seres (uma *arké*), o modo ascensional — que surge em Platão, em *Fédon* (97d-101b):

> [...] representa a superposição de hipóteses que se ligam pela relação condicionado/condicionante. É ele que conduz à afirmação de outro tipo de causa, outro tipo de *arké*: não mais *arké* enquanto princípio-começo, *arké* ancestral, *arké*-arcaica, mas enquanto princípio molecular, ideal, paradigmático, *arké*-arquetípica: a 'ideia' ou forma incorpórea ou transcendente. Assim, desde a índole ascendente de sua construção, a dialética platônica revela-se uma metamatemática (PESSANHA, 1987, p. 82).

Além da forma empreendida pela filosofia platônica, há que se considerar também o erotismo à luz dos gregos, sob a qual se verifica a concepção de amor em Platão. De acordo com Costa (1999), Foucault se inspirou em Peter Brown e Pierre Hadot para seus estudos sobre "ascese" e "estilos de vida" criados por meio de minuciosos controles dos *usos dos prazeres* e dos *cuidados de si*. Neste exercício teórico surge a divisão entre as éticas sexuais e as éticas dos atos, prazeres e desejos, e é desse ponto de vista que Foucault tematiza a noção de "erótica" — quando discute sobre a *aphrodisia*.

Entre os gregos, o exercício da ascese possuía um amplo espectro, e o prazer físico-sensual constituía apenas uma parte deles. Os prazeres físicos seriam objetos de preocupação quando o *controle dos atos* se transformou em preocupação com o *controle dos desejos*.

A questão dos prazeres para os gregos gira em torno de quatro eixos principais: Dietética — cuidados com o corpo —; Econômica — cuidados com o casamento e na relação com a esposa —; Erótica — diz respeito ao amor aos rapazes —; e Filosofia — gira em torno da discussão sobre a verdade. Além disso, o comportamento sexual entre os gregos passava por uma atividade reflexiva moral relacionada muito mais a uma estética e ética pela qual os cidadãos estariam livres para aderir (PESSANHA, 1987).

Em Crátilo, quando se dá o diálogo entre Hermógenes e Sócrates acerca do termo amor — érôs — em questão, desenvolve-se um percurso no sentido da etimologia de diversas palavras a ele ligadas. Sócrates se vale de argumentos entremeados por jogos de palavras e adivinhações, como mecanismos que sugerem um encontro com a verdade somente alcançado pelo exercício dialético (PESSANHA, 1987).

Assim, por meio de Sócrates, Platão procura a etimologia da palavra *daimon* (demônio, gênio) e de érôs, aproximando termos como *amor* e *herói*. Nesse movimento dialético, entende-se que os heróis são todos resultantes da junção entre uma parcela mortal e outra imortal — nascidos do amor entre deuses e mortais — além de serem extremamente hábeis na fala e nos questionamentos. Nessa via, destaca-se tanto o caráter heroico do amor — aproximando características entre o que é eterno e ideal ao que é do mundo dos homens — quanto o sentido escorregadio do termo amor, que se não totalmente apreensível, faz-se exigente das mais variadas retóricas para que talvez se possa desenhar seus contornos. Assim, Pessanha (1987, p. 86) afirma:

> A etimologia "inspirada" de Sócrates permite, assim, estabelecer uma subterrânea ligação entre amor e fala. Permite ainda reconhecer a existência de um heroísmo que se revela pela palavra. Mas, no fundo, a raiz desse heroísmo é o amor, pois o herói é, ele mesmo, obra de Eros. Por dentro de "eros" e do "herói" passa o significado de falar, questionar, dizer. Por isso, Logos e Eros são inseparáveis. Por isso, também, é que em todos os seus tipos e níveis o amor é falante, discursante.

Dando seguimento a esse empreendimento, Platão busca em sua obra apresentar os diversos discursos sobre o amor, desenvolvendo o perfil do que seria o amante e o herói ideal. Em Lísis — n*O Banquete*, em Fedro — Sócrates discursa sobre o amor por meio do que seria a fala do amante perfeito. Neste diálogo, Sócrates retrata a etimologia de *eros* a partir de dois aspectos: para os homens, o amor é *éros*, "alado". Para os deuses, o amor é *ptérôs*, ou seja, "doador de asas". O amor é falante e "alante", impulsiona "do condicionado ao condicionante, do corpóreo ao incorpóreo. Tende ao absoluto: (re)conduz a alma do contingente e do efêmero ao essencial e ao eterno" (PESSANHA, 1987, p. 86).

O diálogo presente em *O banquete* é apresentado como um encontro ocorrido em tempo longínquo, na casa de Agatão, presenciado por Aristódemo, que, por sua vez, conta a Apolodoro, que, enfim, faz o relato dos diálogos. Todos estes intermédios de transmissão conferem ao tema do amor socrático/platônico uma característica onírica pela descrição referida ao pitoresco, com uma temporalidade particular em que diversas representações parecem circular livremente. Ao falar de amor, Platão se utiliza de diálogos, discursos em prosa, poemas e provérbios.

É Aristódemo quem relembra que Erixímaco enfatizava a necessidade de referenciar os grandes poetas para tratar de um deus tão venerável quanto o amor. Seguindo este tom de veneração, Erixímaco propõe que se discuta de maneira mais detida sobre o deus amor e sugere, em seguida, que Fedro inicie.

Para Fedro, o Amor é admirado entre os homens não somente por seus feitos e títulos, mas por sua origem primordial para o qual não há genitor. Cita-se Hesíodo, para o qual, primeiro veio o Caos, depois a Terra e finalmente o Amor. Parmênides, por sua vez, refere o Amor como o primeiro de todos os deuses. De qualquer maneira, argumenta Fedro: dentre todos os deuses, por mais que não o primeiro, o Amor tem seu posto de antiguidade.

Fedro considera o amor entre o amante e seu bem-amado como o maior bem para quem entra na mocidade — mais do que honras e riquezas. Nenhum ato exercido por meio do amor merece reprovação ou vergonha, a não ser quando se dá à revelia do sujeito amado. Sugere ele que uma batalha empreendida entre amantes teria por si só a marca da vitória, pois entre amantes, preferir-se-ia morrer a abandonar as armas. Morrer pela outra pessoa é um consentimento entre os que amam, não somente homens, mas mulheres. Alceste, filha de Pélias, dá prova dessa afirmativa aos gregos por ter sido a única a consentir em morrer por seu marido. Tal ato foi tido como belo entre os homens e os deuses, tanto que fora concedido a ela a honra de fazer do reino de Hades emergir sua alma.

Pausânias é quem segue o diálogo afirmando que o Amor não é um único. Argumenta de início que sem Afrodite não haveria Amor. Além disso, como ela não é uma só, não seria um só o Amor. Uma das faces de Afrodite é Urânia, a mais velha e filha de Urano. A outra, mais nova, é filha de Zeus e de Dione, conhecida como Pandêmia, a popular.

Nem todo amor é por si só belo, mas somente aquele que se leva a amar belamente. O amor de Afrodite Pandêmia, por exemplo, é o mais popular. Nele ama-se tanto homens quanto mulheres, mais o corpo do que a alma e mesmo aos desprovidos de inteligência. Faz-se o que lhes ocorre, seja decente ou não. O de Afrodite Urânia, onde não participa a fêmea, é um amor direcionado ao que é forte, másculo e provido de inteligência. Esse tipo de amor é caracteristicamente direcionado aos jovens que já iniciam a ter juízo, chegando às barbas. Nele, deve-se amar para acompanhar a vida toda e não para ludibriar sua inocência.

É considerado mau um amor direcionado mais ao corpo que à alma, tal como o do amante popular, pois assim que cessa o vigor corpóreo, as promessas de amor se perdem. Já o amor ao caráter é considerado bom, pois ambos se fundem ao que é constante. Ressalta-se aqui a virtude do que é duradouro em detrimento daquilo que é efêmero: corpo, beleza, dinheiro etc.

Após Pausânias, quem deveria falar era Aristófanes, mas por motivo de um soluço devido a um empanturramento, pede ao médico Erixímaco que fale ou que lhe faça cessar seu soluço. Este propõe que inicie logo, pois, no tempo de seu discurso, faria amenizar os males temporários de Aristófanes.

Erixímaco inicia sua fala valorizando o discurso anterior de Pausânias, mas com a ressalva de que a duplicidade do Amor não estaria apenas nas almas dos homens, mas também nos objetos, em todos os outros seres e na ordem da própria natureza. Assim, aos elementos considerados bons de cada corpo — o que é belo e saudável —, deve-se consentir, aquiescer, ao passo que aos elementos considerados maus — mórbidos e feios — se deve contrariar. Diz Platão (2001, p. 54): "[é] com efeito a medicina, para falar em resumo, a ciência dos fenômenos de amor, próprios ao corpo".

No entanto, ele afirma que ao bom médico é necessário fazer com que os elementos mais hostis se aproximem dos mais favoráveis para que haja transformação, como: frio e quente, amargo e doce, seco e húmido, entre outros. Erixímaco cita Heráclito para argumentar que, mesmo na música, a ideia de harmonia resulta de uma combinação de sons e ritmos discordantes que tendem à combinação harmoniosa.

Desta noção, compara-se a harmonia musical ao fenômeno do amor entre os homens moderados, para os quais se deve conservar o belo e o celestial. É do Amor como Urânia que se está falando. O outro, de Polímnia, é o popular, que cede ao prazer sem nenhuma temperança. Além disso, o equilíbrio harmonioso propiciado pelas estações do ano está para Urânia assim como as pestes e destemperanças estão para Polímnia. Nesse ponto, cabe uma afirmação fundamental (PLATÃO, 2001, p. 56):

> E ainda mais, não só todos os sacrifícios, como também os casos a que preside a arte divinatória — e estes são os que constituem o comércio recíproco dos deuses e dos homens — sobre nada mais versam senão sobre a conservação e a cura do Amor.

Interessante notar a aproximação entre sacrifício, arte divinatória, conservação e cura pelo amor. Com efeito, o Amor divino de Urânia é descrito como caminho para a conservação e para a cura, protegendo os mortais de todos os infortúnios da existência, inclusive na relação com os próprios deuses.

Cessado o soluço de Aristófanes, é este quem se põe a falar em uma cena bem-humorada. Depois de se livrar do soluço, um espirro ainda o surpreendeu quando se pôs a enunciar. Tal movimento, digno de atores em um palco a encenar, faz referência ao que já havíamos comentado a partir de Pessanha (1987), a saber: a diversidade estética da retórica empreendida por Platão para tratar de um tema como o amor — fugidio, repleto de sentidos e com poucas vias de diálogo ao campo da razão.

Nesse cenário se inicia a fala de Aristófanes. Nele está presente de início a ideia de que o Amor é dos deuses o mais amigo dos homens (Platão, 2001, p. 57): "protetor e médico desses males, de cuja cura dependeria sem dúvida a maior felicidade para o gênero humano". Continua: "[c]om efeito, parece-me os homens absolutamente não terem percebido o poder do amor, que se o percebessem, os maiores templos e altares lhe preparariam, e os maiores sacrifícios lhe fariam".

No entanto, para falar sobre o amor, Aristófanes lança mão de um mito em que a própria natureza humana é revista. Diz ele que éramos três gêneros: masculino, feminino e andrógino. Este último era distinto tanto na forma quanto em seu nome comum, o que merece descrição literal (PLATÃO, 1991, p. 58):

> [...] inteiriça era a forma de cada homem, com o dorso redondo, os flancos em círculo; quatro mãos ele tinha, e as pernas o mesmo tanto das mãos, dois rostos sobre um pescoço torneado, semelhantes em tudo; mas a cabeça sobre os dois rostos opostos um ao outro era uma só, e quatro orelhas, dois sexos, e tudo o mais como desses exemplos se poderia supor. E quanto ao seu andar, era também ereto como agora, em qualquer das duas direções que quisesse; mas quando se lançavam a uma rápida corrida, como os que cambalhotando e virando as pernas para cima fazem uma roda, do mesmo modo, apoiando-se nos seus oito membros de então, rapidamente eles se locomoviam em círculo. Eis por que eram três os gêneros, e tal a sua constituição, porque o masculino de início era descendente do sol, o feminino da terra, e o que tinha de ambos era da lua, pois também a lua tem de ambos; e eram assim circulares, tanto eles próprios como a sua locomoção, por terem semelhantes genitores.

Além dessas características corporais, possuíam grande força e, por isso, grande presunção, motivo pelo qual se voltaram contra os deuses. Por conta disso, Zeus e os demais deuses discutiram sobre o que fazer para dirimir tamanha imodéstia: se extinguissem-nos tal como aos gigantes, perderiam os templos e as honras concedidas pelos humanos; por outro lado, não poderiam permitir tal afronta.

Depois dessa reunião, Zeus propôs que fossem cortados ao meio, pois assim, seriam mais fracos, numerosos — para servir aos deuses — e passariam a andar eretos, sob duas pernas. A partir dessa "natureza" humana mutilada, cada um passou a buscar sua própria metade para se unir novamente (PLATÃO, 2001, p. 59):

> [...] e envolvendo-se com as mãos e enlaçando-se um ao outro, no ardor de se confundirem, morriam de fome e de inércia em geral, por nada quererem fazer longe um do outro. E sempre que morria uma das metades e a outra ficava, a que ficava procurava outra e com ela se enlaçava, quer se encontrasse com a metade do todo que era mulher — o que agora chamamos mulher — quer com a de um homem; e assim iam-se destruindo.

Esses homens possuíam seus sexos para fora, reproduzindo-se na terra como as cigarras e não com o outro. Mas Zeus, por ímpeto de compaixão, direciona seus sexos para a parte da frente de seus corpos, pois dessa maneira (PLATÃO, 2001, p. 59):

> [...] fez com que através dele se processasse a geração um no outro, o macho na fêmea, pelo seguinte, para que no enlace, se fosse um homem a encontrar uma mulher, que ao mesmo tempo gerassem e se fosse constituindo a raça.

Mas não somente esta saída é apontada por Aristófanes: se a escolha for de um homem por outro homem, que houvesse saciedade e convívio ameno, para em seguida retornar ao trabalho e ao resto da vida. O amor de um para o outro, afirma (PLATÃO, 2001, p. 60): "está implantado nos homens, restaurador da nossa antiga natureza, em sua tentativa de fazer um só de dois e de curar a natureza humana".

Continua Aristófanes (PLATÃO, 2001, p. 59) em uma descrição imprescindível para nós: "Quando então se encontra com aquele mesmo que é a sua própria metade, tanto o amante do jovem como qualquer outro, então extraordinárias são as emoções que sentem [...]". Segue então um trecho fundamental à nossa discussão que merece sua extensão (PLATÃO, 2001, p. 61):

> Se diante deles, deitados no mesmo leito, surgisse Hefesto e com seus instrumentos lhes perguntasse: Que é que quereis, ó

> homens, ter um do outro? [...] Porventura é isso que desejais, ficardes no mesmo lugar o mais possível um para o outro, de modo que nem de noite nem de dia vos separeis um do outro? Pois se é isso que desejais, quero fundir-vos e forjar-vos numa mesma pessoa, de modo que de dois vos torneis um só e, enquanto viverdes, como uma só pessoa, possais viver ambos em comum, e depois que morrerdes, lá no Hades, em vez de dois ser um só, mortos os dois numa morte comum; mas vede se é isso o vosso amor, e se vos contentais se conseguirdes isso. Depois de ouvir essas palavras, sabemos que nem um só diria que não, ou demonstraria querer outra coisa, mas simplesmente pensaria ter ouvido o que há muito estava desejando, sim, unir-se e confundir-se com o amado e de dois ficarem um só.

"Mortos os dois numa morte comum!". Surge aí um paradoxo fundamental, pois a união em vida que aponta para a amenização das angústias e para o equilíbrio da restituição de uma metade perdida na própria constituição está fadada a seguir, por outro lado, às profundezas do reino de Hades após a morte.

2.7 Rousseau e a educação de Emílio e Sofia pela via do amor

Não é em excesso que se ressalta que o compositor, filósofo e teórico político Jean-Jacques Rousseau (1712 – 1778), nascido em Genebra, foi homem de seu tempo. Pode-se dizer que o período iluminista — com expressão máxima na Revolução Francesa de 1789 — é um período de consolidação e criação de instituições como a família nuclear, a educação como a concebemos e o Estado moderno. Tal contexto cultural parece percorrer o pensamento do autor pela noção de que a razão seria o principal instrumento para que o homem pudesse melhor educar sua Natureza.

De acordo com Streck (2008), podemos nos aproximar desse clima de efervescências ao lermos Júlia ou a nova Heloísa — romance de Rousseau construído por cartas entre os personagens —, pois vamos aos poucos formando imagens de um período histórico-social visto a partir de uma janela subjetiva: sentimentos, caminhos da alma e da natureza são fundidos nessas narrativas. Mas por que "a nova Heloísa"? Referência a *Abelardo e Heloísa* (1079 – 1142), pois enquanto nessa história as paixões eram proibidas pela igreja cristã, em *Júlia* a racionalidade é evidenciada.

Na sociedade em que Rousseau viveu, segundo Sctreck (2008), amor e conjugalidade não faziam parte necessariamente da mesma oração. Os amantes se mantinham culturalmente por conveniência social, e a educação das crianças estava concentrada nas mãos do poder eclesiástico.

Mesmo a Reforma Protestante (séc. XVI), como constituinte da modernidade, possui ecos em Rousseau, reavendo temas relacionado aos dos reformadores — apelo à consciência, em oposição à autoridade externa, e à responsabilidade individual pelo destino de cada um na Terra. Daí a crítica religiosa de Rousseau ancoradas em três perspectivas: Rousseau vê Deus como uma expressão cultural; critica a autoridade exercida por esta; e é contrário à prática educativa pelo catecismo, que impediria o fomento da liberdade e da autonomia aos jovens. Deve-se ressaltar aqui que estas críticas configuram, dentre outros aspectos, a posição fundamental de Rousseau em direção a um culto do coração, que fomentaria virtudes presentes no homem natural e, assim, ao estado em que os desejos de cada um convergiriam às necessidades de todos (STRECK, 2008).

2.7.1 Os sentidos "[...] da educação"

Em Rousseau, os homens se diferenciam não por sua atividade de pensamento, mas pela possibilidade de exercer sua liberdade. Nesse sentido, a meta da educação empreendida pelo autor segue o sentido da formação de um agente livre, em um mundo — nos parâmetros da modernidade — em que o ser humano não nasce pronto, de acordo com dogmas e conceitos teológicos (STRECK, 2008).

Rousseau empreende uma pedagogia que deve ser clara no que diz respeito ao ensinar e ao aprender, que não estariam mais imbricados por uma intervenção divina, mas que acontece na natureza e obedecem às mesmas leis. Nesse ponto, deve-se levar em consideração um paradoxo entre movimento e engessamento no que diz respeito às diferenças de gênero, pois se por um lado "[o]s direitos do homem e da mulher não podem mais ser derivados de sua participação na natureza divina" ainda é "necessário encontrar neles próprios algum valor intrínseco que garanta a vida em sociedade" (STRECK, 2008, p. 22).

A educação Rousseauriana passou a ser marcada por uma ideia de liberdade que é fortemente ligada à sua noção central de natureza. Se nascemos livres, como defende Rousseau em seu *Contrato*, não podemos renunciar à condição de homens. Nos termos dessa liberdade, afirma Streck (2008, p. 22):

> O contrato social está colado à educação. As duas obras, Emílio e O contrato social, são escritas no mesmo ano (1762), e toda educação de Emílio é conduzida para que ele possa, no fim, viver numa sociedade regida pelo contrato. No último capítulo do Emílio, há um resumo do contrato social, indicando o tipo de sociedade na qual Emílio e Sofia poderiam viver suas liberdades.

Nesse ínterim, faz-se oportuno ler um pouco mais de perto sobre as posições que *deveriam* ser *naturalmente* exercidas por *homens* e *mulheres* dentro da lógica do contrato, para que ambos pudessem se unir em torno de um *bem comum* a partir do que define Rousseau eu sua época.

2.7.2 Rousseau e uma educação às mulheres pela via do amor

> *Uma mulher perfeita e um homem perfeito não devem assemelhar-se nem de espírito nem de fisionomia, e a perfeição não é suscetível nem de mais nem de menos. Na união dos sexos cada qual concorre igualmente para o objetivo comum, mas não da mesma maneira. Dessa diversidade nasce a primeira diferença assinalável entre as relações morais de um e de outro. Um deve ser ativo e forte, o outro passivo e fraco: é necessário que um queira e possa, basta que o outro resista pouco.*

> *(EMÍLIO, Livro V)*

De acordo com Rodrigues (2007) e Tahon (1999), a construção da democracia moderna se deu às custas de um processo de exclusão das mulheres. Marie Blanche Tahon (1999) defende a tese de que uma das noções centrais de cidadania consiste na prerrogativa de que todos os homens nascem livres e iguais em direitos e deveres, o que, no entanto, manteria afastada as mulheres, restando a elas o posto de serem "mães voluntárias".

Cabe aqui a argumentação em Rodrigues (2007) de que o termo "mantida à distância", em Tahon, diz respeito à sua posição teórica de que as mulheres se mantiveram distantes da cidadania não apenas por explicações que giram em torno do patriarcado e do androcentrismo, mas por uma problemática política. No entanto, afirma o autor:

> [...] a natureza feminina em Rousseau está fundamentada na estrita relação entre ser mãe e ser esposa. [...] A ênfase no

> aspecto político faz com que a autora não perceba que os aspectos epistemológicos, políticos e morais se coadunam, formando todo o pensamento rousseauniano. (RODRIGUES, 2007, p. 164).

Diversos autores, como Streck (2008), defendem que a construção dessa "mãe cidadã", presente na Revolução Francesa e fortalecida pela pedagogia rousseauriana, faz alusão à busca por gerir a formação do cidadão pelo Contrato Social. No livro V, Sofia surge como modelo não apenas de mãe, com características de suavidade e afeição, mas como a figura responsável por educar os filhos aos bons costumes, gostos e felicidade.

Rodrigues (2007) afirma que ela deverá ser tal como a mãe espartana, que gera filhos saudáveis a serviço do Estado. Além disso, deve zelar para que o marido seja um pai e um cidadão dignos em sua vida social. Para tanto, será necessário primar por sua castidade e fidelidade como esposa.

É fundamental ressaltar, a partir de Streck (2008), que Rousseau se preocupa em definir o educando ideal para sua educação, tendo como referência o mesmo estado de natureza e a mesma concepção de homem natural do *Contrato Social*. Emílio é a criação imaginária do mentor responsável pela criação de uma nova sociedade e de um novo homem.

Assim, tal como em Gênesis, após a criação do homem, fez-se sua companheira: Sofia, no caso de Rousseau. Emílio estava protegido até então, tendo contato com áreas do conhecimento como história, religião, bem como gostos e costumes. No entanto, será necessária a companhia de Sofia para que Emílio consiga sobreviver como cidadão de uma nova moral.

Há aqui um adendo fundamental em Streck (2008, p. 48): "[n]o assunto de gênero, o revolucionário Rousseau toma decididamente o lado conservador". Assim, Rousseau (1995 [1762], p. 443) afirma:

> Dai sem escrúpulo uma educação de mulher às mulheres, fazei com que gostem das tarefas de seu sexo, que sejam modestas, que saibam cuidar de seu lar, ocupar-se com sua casa; o rebuscamento cairá por si mesmo e elas estarão vestidas com mais bom gosto. [...] é possível já então procurar ter gestos agradáveis, uma dicção sedutora, uma atitude, andar com leveza, com graça, aprimorar em tudo suas vantagens.

Não é em demasia que se pode afirmar que em dias atuais tal visão rousseauriana — relacionada à sua concepção de natureza vista anteriormente — seria severamente criticada em diversos campos do conhecimento.

Por outro lado, é possível observar alguns elementos mais flexíveis quando em comparação às características medievais de um modo geral.

Enfim o amor entra em cena na educação de Sofia e Emílio. Seu preceptor a quer feliz, pois a felicidade de Emílio depende da felicidade dela. No entanto, diferentemente de encontros arranjados, deve-se prestar bastante atenção às conveniências naturais, de educação e da opinião (STRECK, 2008). Nas palavras de Rousseau (1995 [1762], p. 480):

> Cabe aos esposos se ajustarem. A inclinação mútua deve ser seu primeiro laço; seus olhos, seus corações devem ser seus primeiros guias; pois, como seu primeiro dever é de se amarem, e que amar ou não amar não depende de nós, esse dever comporta necessariamente outro, que é o de começar a amar antes de se unir. É o direito da natureza, que nada pode ab-rogar: os que a perturbaram com tantas leis civis pensaram mais na ordem aparente do que na felicidade do casamento e nos costumes do cidadão. Vê, minha Sofia, que não te pregamos uma moral difícil. Ela só tende a te tornar senhora de ti mesma e a confiarmos em ti quanto à escolha do teu esposo (ROUSSEAU, 1995 [1762], p. 480).

Pensamos ser justificável a extensão da citação por sua relevância às nossas hipóteses acerca do amor e seus desdobramentos contemporâneos. Por direito irrevogável da natureza, é dever de Sofia, escolher um "homem de bem" (ROUSSEAU, 1995, p. 481) que garanta a sua felicidade no casamento. Uma *moral difícil*, pois recai agora sobre o indivíduo a responsabilidade de uma escolha frutífera que leva em consideração, neste caso, não apenas a felicidade a nível individual, mas ao nível do *Contrato Social*.

3

AMOR, NARCISISMOS E TRANSFERÊNCIA

Levando em consideração a construção de alguns elementos culturalmente constitutivos do amor romântico no ocidente, tarefa em que nos detemos até aqui, dever-se-á pensar no instrumental teórico da psicanálise, especialmente no que diz respeito aos ideais de eu como forma de melhor nos aproximarmos da noção do amor romântico como um ideal e sua possível articulação com a vulnerabilidade de mulheres ante o contágio crescente pela Aids nesta realidade tratada.

Com a introdução do conceito de narcisismo, Freud (2004, v. 1) leva em consideração o amor como possuidor de um objeto idealizado e insubstituível, no qual são depositadas fantasias de completude vividas no amar e no desejar. Afirmamos, desde já, que este amor pode ser pensado pela via do modelo infantil originário de amor, uma vez que este momento representa marcas de especularidade, de onipotência e de completude.

Ceccarelli (2000) argumenta o quanto o sexual dos ideais, que faz com que o indivíduo posicione diante de si objetos fictícios — e inalcançáveis — em busca de uma valorização narcísica outrora sentida quando se era o próprio eu ideal, constitui uma importante ferramenta para se pensar o indivíduo face à constituição de valores e ilusões identitárias que por vezes se mostram aprisionantes.

A supervalorização sexual que Freud (1972, v. 7) analisava nos *Três ensaios* e nas *Contribuições à psicologia do amor* será revisitada no texto do narcisismo, especialmente com o desenvolvimento das teorias dos ideais do eu e da idealização. Ana Lila Lejarraga (2002, p. 82) descreve muito bem esta formulação freudiana ao compreender a "teoria narcísica do apaixonamento [como] centrada na tentativa de reeditar um narcisismo perdido por via da idealização do objeto e do desejo de união com ele".

Sabe-se que Freud (2004, v. 1) estuda o ideal do eu de forma mais concisa em sua introdução ao narcisismo, mas buscou-se aqui um caminho que pudesse envolver construtos prévios e formadores, até posteriormente quando Freud passa a referir-se à instância chamada de supereu. Para dar conta dessa trajetória, faremos um breve percurso que envolverá, dentre outros, os seguintes estudos freudianos relacionados: *Três ensaios sobre a teoria da sexualidade* (FREUD, 1972, v. 7); *Escritores criativos e devaneio* (FREUD, 1972, v. 9); *Romances familiares* (FREUD, 1972, v. 9); *Rascunho H* (FREUD, 1895); *Rascunho k: as neuroses de defesa* (FREUD, 1896); *As neuropsicoses de defesa* (FREUD, 1972, v. 3); *Carta à Fliess 125* (FREUD, 1972, v. 1); *O caso Schereber* (FREUD, 1972, v. 12); À guisa de introdução ao narcisismo (FREUD, 2004, v. 1); *Pulsões e Destinos da Pulsão* (FREUD, 2004, v. 1); *Psicologia de Grupo de Análise do Ego* (FREUD, 1972, v. 21); *O Eu e o Id* (FREUD, 1923); e *O problema econômico do masoquismo* (FREUD, 2004, v. 3).

3.1 Do brincar infantil aos romances familiares

De acordo com os comentários do editor inglês James Strachey, o trabalho de Freud intitulado *Escritores criativos e devaneio* foi originalmente uma conferência realizada em 6 de agosto de 1907 nos salões do editor e livreiro de Viena chamado Hugo Heller. No entanto, sua versão completa foi publicada no início de 1908 em um periódico literário de Berlim. O interesse fundamental deste estudo está no exame realizado por Freud sobre a fantasia, tomando como ponto de partida a produção literária.

Em Freud (1972, v. 9), analisa-se o ato criativo de um escritor em paralelo com o brincar infantil, uma vez que aquele parece poder transitar por um espaço de fantasia equiparável ao do mundo infantil. Para tanto, Freud busca se aproximar de uma análise de elementos constitutivos presentes no ato criativo. Se o brincar infantil é algo sério no que tange à função da atividade fantasiosa, isso não é diferente para o escritor criativo: a fantasia pode moldar o mundo numa forma mais agradável. O que interessa nesse ponto é a conexão que se dá entre o brincar infantil e a fantasia no adulto. O brincar da criança "é determinado por desejos: de fato, por um único desejo — que auxilia seu desenvolvimento —, o desejo de ser grande e adulto" (FREUD, 1972, v. 9, p. 151).

Ela se difere do adulto, portanto, basicamente quando este deixa de brincar. Além disso, alguns desejos adultos necessitam ser ocultos, visto a incompatibilidade com o *mundo real*. Dessa forma, suas fantasias o envergonham, por serem, justamente, infantis. Entendendo a fantasia como tendo a mesma estrutura da fantasia inconsciente e a função de satisfazer um desejo insatisfeito no passado, Freud diferencia o brincar infantil e a criação literária pelo fato de que, apesar de haver ambas a criação de um mundo de fantasia que é levado a sério, a criança em sua brincadeira, liga as situações imaginadas aos objetos do mundo real, ao passo que os poetas mantêm nítida a separação entre fantasia e realidade.

Nesse sentido, é possível verificar que o ideal do eu pode ser notado em sua dinâmica como um mecanismo de projeção ideal fantasística que busca obturar uma ferida narcísica. Isso se verifica tanto em relação ao desejo infantil de ser adulto, como ao desejo do adulto voltado para condutas infantis. O desejo infantil de ser grande pode ser encontrado de forma ainda mais detalhada nos *Romances Familiares* (FREUD, 1972, v. 9), em que Freud afirma que os pais representam autoridade única e fonte de todos os conhecimentos para a criança pequena. Ela desejaria se igualar ao progenitor do mesmo sexo.

Posteriormente, ainda em Freud, a criança conhecerá substitutos que serão comparados aos seus pais numa atividade crítica. A criança realizará classificações imaginárias acerca de seus pais em comparação a todos os seus substitutos. Entra em cena, portanto, um jogo de afetos em relação ao sentimento dos pais para consigo. O momento que se segue, raramente lembrado conscientemente — a não ser pela psicanálise e pela fantasia —, é chamado por Freud (1972, v. 9, p. 244) de *romance familiar do neurótico* e consiste basicamente no afastamento do neurótico de seus pais:

> Essa atividade emerge inicialmente no brincar das crianças e depois, mais ou menos a partir do período anterior à puberdade, passa a ocupar-se das relações familiares. Um exemplo característico dessa atividade imaginativa está nos devaneios que se prolongam até muito depois da puberdade. Se examinarmos com cuidado esses devaneios, descobriremos que constituem uma realização de desejos e uma retificação da vida real. Têm dois objetivos principais: um erótico e um ambicioso.

Com este trecho, vemos que o romance familiar da criança nasce de um amor frustrado e de sua ambição, mesmo que o objetivo erótico da ambição esteja comumente oculto (FREUD, 1972, v. 9). Não é demasiado ressaltar a importância desses escritos quando relacionados ao percurso da criança em se tornar grande como seu progenitor, o que revela um indicativo da formulação a ser realizada mais tarde sobre os ideais e modelos que farão parte do eu.

3.2 Autoerotismo, narcisismo e amor de objeto

Tem-se, até o presente momento, o ideal de eu como um projeto da criança em tornar-se adulta, precisamente como os pais e em contiguidade a estes. Além disso, pode-se notar o ideal do eu possuindo uma origem narcísica, tendendo a manter esse narcisismo original projetando-o no objeto. Ele nasce, porém, de uma subversão do narcisismo primitivo e do desamparo primordial do ser humano. Vejamos esta construção mais de perto.

Nos textos sobre a paranoia e, especialmente, no estudo sobre o caso Schereber, Freud parece construir uma fundamental relação entre o sofrimento provocado pelo delírio e o estágio anterior à castração, uma vez que o que parece sobrevir é um sentimento de vergonha relacionado ao narcisismo. Vamos a estes desdobramentos.

A primeira manifestação documental do interesse de Freud pelo estudo da paranoia foi realizada em manuscrito remetido a Fliess, conhecido como o *Rascunho H*, em 24 de janeiro de 1895, cerca de três meses antes da publicação dos *Estudos sobre a Histeria*. Aqui, Freud (1972, v. 2) afirma que a paranoia é um modo patológico de defesa diante de coisas que não se consegue tolerar, e está presente tanto na *confusão alucinatória* quanto na neurose obsessiva e na histeria. Freud analisa um breve caso clínico de uma jovem moça numa cena de sedução e excitação com um hóspede de sua casa. As repercussões do caso evidenciam um jogo entre autocensura, primeiramente, e um julgamento vindo do exterior — de suas vizinhas. Com esse exemplo, Freud conclui — na passagem em que surge pela primeira vez o conceito de projeção — que "o propósito da paranoia é rechaçar uma ideia que é incompatível com o eu, projetando seu conteúdo no mundo externo" (FREUD, 1972, v. 2, p. 286).

Cerca de um ano depois do *Rascunho H*, Freud (1896) retoma o tema da paranoia em cartas a Fliess quando escreve o *Rascunho k*. Com o subtítulo de *As neuroses de defesa*, Freud (1972, v. 3) realiza uma comparação, em linhas gerais, entre histeria, neurose obsessiva e uma forma de paranoia — trabalho que vai ser ampliado pouco mais de um mês depois no artigo sobre *As neuropsicoses de defesa*. Pouco tempo depois, precisamente na carta 125 destinada a Fliess, existem termos que prenunciam considerações posteriores de Freud (1972, v. 1) sobre a paranoia. Tomando como fio condutor o estudo sobre o narcisismo, torna-se fundamental a apresentação do parágrafo a seguir:

> O estrato sexual mais primitivo é o auto-erotismo, que age sem qualquer fim psicossexual e exige somente sensações

> locais de satisfação. Depois dele vem o aloerotismo (homo e heteroerotismo); mas certamente também continua a existir como corrente separada. A histeria (e sua variante, a neurose obsessiva) é aloerótica: sua principal trajetória é a identificação com a pessoa amada. A paranoia desfaz novamente a identificação; restabelece todas as figuras amadas na infância, que foram abandonadas [...], e reduz o próprio ego a figuras alheias. Assim, cheguei a considerar a paranoia como uma primeira expansão da corrente auto-erótica, como um retorno ao ponto fixo então prevalente. (FREUD, 1972, v. 1, p. 377).

A relevância deste parágrafo reside na sugestão — cerca de 12 anos antes da publicação do estudo freudiano sobre Schereber — de que a paranoia acarretaria num retorno a um autoerotismo primitivo. Com este posicionamento, tem-se a configuração de um caminho que será retomado anos mais tarde e que diz respeito às origens do narcisismo, bem como à sua relação com a formação do eu, do supereu e dos ideais de eu.

O estudo de Freud (1972, v. 12) acerca do caso Schereber, possível de ser realizado por conta do relato autobiográfico contido em *Memórias de um doente dos nervos*, publicado em 1903, mostra como os sintomas psicóticos iniciais foram, com o tempo, cristalizando-se em uma engenhosa estrutura delirante. O delírio inicial continha a ideia de que ele deveria se transformar numa mulher para poder realizar sua missão de redimir o mundo e restituir-lhe o estado de beatitude. Esta tarefa, segundo Schereber, lhe fora destinada por inspiração de Deus, pois seus nervos, em estado de excitação constante, poderiam exercer atração sobre Ele. Como afirma Freud, não se pode pensar que havia um desejo de se transformar em mulher por parte de Schereber, mas antes de tudo, havia uma obrigação presente na "Ordem das Coisas". Continua Freud:

> Chega uma ocasião, no desenvolvimento do indivíduo, em que ele reúne seus instintos [pulsões] sexuais (que até aqui haviam estado empenhados em atividades autoeróticas), a fim de conseguir um objeto amoroso, sendo apenas subsequentemente que passa daí para a escolha de alguma outra forma que não ele mesmo como objeto. Essa fase equidistante entre o auto-erotismo e o amor objetal pode, talvez, ser indispensável normalmente; mas parece que muitas pessoas demoram-se por tempo inusitadamente longo nesse estado e que muitas de suas características são por elas transportadas para os estádios posteriores de seu desenvolvimento. (FREUD, 1972, v. 12, p. 83).

Nesse ponto, deve-se observar, como afirma Chasseguet-Smirgel (1992), que o narcisismo é concebido nesse texto como o investimento de um eu já bem delimitado e separado do objeto. Além disso, a partir dessa trajetória da libido, nota-se a posterior necessidade de reencontrar no outro as características do próprio eu — o que conduz à próxima etapa que seria a escolha homossexual de objeto e somente depois a heterossexualidade. Nas palavras de Freud:

> As pessoas que se tornam homossexuais manifestas mais tarde, nunca se emanciparam, pode-se presumir, da condição obrigatória de que o objeto de sua escolha deve possuir órgãos genitais como os seus; e, com relação a isso, as teorias sexuais infantis que atribuem o mesmo tipo de órgãos genitais a ambos os sexos exercem muita influência. (FREUD, 1972, v. 12, p. 83).

No entanto, Freud (1972, v. 12) afirma que mesmo depois de atravessado esse momento e chegado à escolha heterossexual, a posição anterior não é totalmente abandonada, pois se liga a partes íntimas do eu, ajudando a formar as *pulsões sociais*. Tem-se, assim, o fator erótico presente na amizade, na camaradagem e no amor à humanidade em geral. Nesse ponto, segundo Oscar Miguelez (2007, p. 14), o que é fundamental na articulação entre a paranoia e a homossexualidade diz respeito ao papel do pai na constituição do psiquismo.

Para uma melhor aproximação com o conceito de Ideal do Eu, é interessante dar um passo adiante, precisamente na nota de número 71 do texto sobre *Pulsões e Destinos da Pulsão* quando Freud afirma que:

> Por certo, o estado narcísico primordial não poderia seguir aquele desenvolvimento se cada ser vivo não passasse por um período de desamparo e de cuidado, durante o qual suas necessidades urgentes teriam sido satisfeitas por agentes externos, e com isso seu desenvolvimento teria sido barrado. (FREUD, 2004, v. 1, p. 171).

Nesse ponto, tem-se justamente a relação de contiguidade, do desamparo à subversão do narcisismo primitivo. Nesse sentido, tem-se uma série em construção: da frágil condição humana, o bebê torna-se objeto de cuidado e investimento. Ele será *sua majestade*, pois nele serão depositadas todas as esperanças e frustrações do narcisismo perdido dos pais. Além disso, como veremos adiante, Freud faz do narcisismo não apenas um estágio particular do desenvolvimento humano, mas um termo constante e essencial à evolução do eu no jogo entre investimentos nele e nos objetos. Para ir adiante, torna-se necessário um retorno a cerca de nove anos atrás, pelos *Três ensaios sobre a teoria da sexualidade*, quando Freud (1972, v. 7) trata sobre o autoerotismo:

> [...] é claro que o comportamento de uma criança que se dedica a chupar o dedo é determinado pela busca de algum prazer que já foi experimentado e é agora lembrado. No caso mais simples, ela vai encontrar esta satisfação chupando ritmicamente alguma parte da pele ou membrana mucosa. É fácil também adivinhar as ocasiões em que a criança teve suas primeiras experiências do prazer, que agora luta por renovar. Foi a sua primeira e mais vital atividade, sugando o seio da mãe ou substitutos dele, que deve tê-la familiarizado com este prazer. Os lábios da criança, a nosso ver, comportam-se como uma zona erógena, e sem dúvida, o estímulo do morno fluxo do leite é a causa da sensação de prazer. A satisfação da zona erógena se associa, no primeiro caso, à satisfação da necessidade de nutrição. De início, a atividade sexual se liga a funções que atendem à função de autopreservação e não se torna independente delas senão mais tarde. [...] A necessidade de repetir a satisfação sexual desliga-se agora da necessidade de nutrir-se. (FREUD, 1972, v. 7, p. 186).

Este parágrafo supracitado revela a elaboração, em Freud (1972, v. 7), da noção de *apoio*. O ato de sugar infantil revela três características essenciais na manifestação sexual infantil: apoiar-se — em sua origem — em uma das funções somáticas vitais; não possuir objeto sexual — ou seja, sendo autoerótica —; e, por fim, ter o objetivo sexual dominado por uma zona erógena.

Nesta linha de raciocínio, seguimos com Freud a 1914, no qual o termo *narcisismo* é originado da descrição clínica de comportamentos nos quais o indivíduo trata o próprio corpo como trataria algum objeto sexual. Satisfazendo-se dessa maneira, o narcisismo passaria a ter o sentido de uma perversão. No entanto, a partir da observação psicanalítica, a libido designada de narcisismo abrange um campo maior do que os das perversões no sentido estrutural, indicando, na verdade, um importante papel do desenvolvimento sexual do indivíduo. Em seguida, Freud se questiona a respeito do seguinte ponto:

> [...] qual é a relação desse narcisismo, do qual estamos tratando agora, com o auto-erotismo, que descrevemos como um estado inicial da libido? [...] É uma questão necessária a de que uma unidade comparável ao Eu não esteja presente no indivíduo

> desde o início; o Eu precisa antes ser desenvolvido. Todavia, as pulsões auto-eróticas estão presentes desde o início, e é necessário supor que algo tem de ser acrescentado ao auto--erotismo, uma nova ação psíquica, para que se constitua o narcisismo. (FREUD, 2004, v. 1, p. 99).

Há aqui um desenvolvimento a mais acerca da formação do eu em relação ao movimento entre autoerotismo e narcisismo. Freud afirma que é necessário supor que ainda não exista uma unidade comparável ao Eu. Por outro lado, as pulsões auto-eróticas estão presentes desde o início e é necessário que se acrescente uma nova ação psíquica ao auto-erotismo para que se constitua o narcisismo e portanto, o Eu.

Lacan (1998) contribui sobremaneira para esta empreitada teórico--clínica acerca do desenvolvimento a partir de sua teoria sobre o *Estádio do espelho*. Este é um período do desenvolvimento — que se dá por volta dos seis aos 18 meses, num estado de imaturidade neurológica — em que se antecipa a unificação do corpo da criança a partir da imagem. Ele é constituído por dois momentos: no primeiro, a imagem não é uma totalidade; e, no segundo, a imagem totalizante é constituída e se torna apreensível — movimento que busca subverter a falta e o despedaçamento originários.

Como afirma Dor (1989), Narciso nos ensina que o outro e o espelho configuram apenas uma imagem e, além disso, é a esta que o sujeito se identifica para constituir seu eu. Importante observar também que esta imagem formada pelo outro e pelo espelho é justamente o eu ideal. O estádio do espelho fornece uma inscrição de caráter narcísico, que favorece, como *conhecimento*, a possibilidade de visão dos objetos pela consciência, e, como *desconhecimento*, uma projeção da imagem de si no mundo, sempre imaginária e paranoica. Mais adiante retomaremos maiores considerações acerca do eu ideal face ao ideal de eu. Por hora, vejamos mais alguns pontos de definição sobre os *narcisismos* para a formação do eu e seus ideais.

Em Miguelez (2007), pode-se notar que a separação entre um estágio anterior, autoerótico, seguido de um segundo, narcisista, entra em confluência com diversas passagens freudianas que afirmam não haver um eu desde sempre. O que ocorre no autoerotismo é o que Freud chama de prazer do órgão, ou seja, o prazer que o órgão tira dele mesmo. Não se trata de um corpo tomado como um todo, mas partes de um corpo ainda fragmentado, sem unidade, como analisa a seguir:

> Ao repararmos na atitude de pais afetuosos para com seus filhos, seremos forçados a reconhecer que se trata de uma

> revivescência e de uma reprodução de seu próprio narcisismo, há muito abandonado. [...] Assim, eles se vêem compelidos a atribuir à criança todas as perfeições [...] e tendem a encobrir e esquecer todos os defeitos dela. Essa atitude se relaciona com a negação da sexualidade infantil. Mas também prevalece a tendência de dispensar a criança da obrigação de reconhecer e respeitar todas as aquisições culturais que outrora os pais foram obrigados a acatar em detrimento de seu próprio narcisismo. Também se inclinam a reivindicar para a criança o direito a privilégios aos quais eles, os pais, há muito tiveram de renunciar. (FREUD, 2004, v. 1, p. 110).

Desse modelo de organização libidinal autoerótico, tem-se uma *nova ação psíquica* que constitui o eu. Como este ainda se encontra precariamente formado — o que retoma a discussão sobre a prematuridade do ser humano bem como o estádio do espelho em que se verifica grande satisfação pela assunção da totalidade imaginária do corpo —, há um investimento de libido no próprio eu. Daí a afirmação de Freud (2004, v. 1) de que o eu do narcisismo primário é reservatório de toda libido disponível. Posteriormente, o investimento libidinal se dirige aos objetos (representações-objeto), desembocando numa transformação da libido narcísica em libido objetal. A libido continua retida no eu, embora lance investimentos a objetos (como no caso do apaixonamento). Por fim, esse investimento retorna ao eu, constituindo o narcisismo secundário.

Assim, o eu que surge da confluência da imagem unificada que a criança faz de seu corpo e do narcisismo dos pais constitui o eu ideal, correspondente ao narcisismo primário. E, bem mais adiante no desenvolvimento do indivíduo, lança-se mão dos ideais de eu em busca de se satisfazer aquela experiência supostamente vivenciada de integridade e completude.

3.3 O conceito de Ideal do Eu

Lacan (1998) — especialmente em seus *Escritos*, na *Observação sobre o relatório de Daniel Lagache: "Psicanálise e estrutura da personalidade"*, e no Seminário I —, utiliza-se da metáfora do vaso invertido para analisar a existência de um narcisismo inicial relacionado à imagem corporal. Essa imagem constitui a unidade do sujeito a partir das inúmeras projeções realizadas de forma especular e pode ser chamada de *fonte imaginária do simbolismo*: aquilo por meio do qual o simbolismo se liga ao sentimento do ser humano em relação ao seu próprio corpo.

A reflexão especular manifesta a possibilidade de um segundo narcisismo, pois seu padrão fundamental envolve a relação com o outro. Nas palavras de Lacan (1979, p. 148): "[o] outro tem para o homem valor cativante, pela antecipação que representa a imagem unitária tal como é percebida, seja no espelho, seja em toda realidade do semelhante". Em relação a esse segundo momento do narcisismo, o autor afirma que a identificação narcísica se dá em relação ao outro, permitindo ao homem situar sua relação imaginária e sua libido em relação ao mundo: "[o] sujeito vê o seu ser numa reflexão em relação ao outro, isto é, em relação ao Ich-ideal" (LACAN, 1979, p. 148).

Ainda nos *Escritos*, Lacan (1998, p. 678) afirma parafrasear Daniel Lagache com a seguinte afirmativa: "na relação do sujeito com o outro da autoridade, o Ideal do Eu, seguindo a lei de agradar, leva o sujeito a se desagradar ao sabor da ordem; o Eu Ideal, com o risco de desagradar, só triunfa ao agradar a despeito da ordem". Nesta afirmação, pode-se notar que o ideal do eu — tendo como meta o sentimento de plenitude na miragem que é o eu ideal — constitui a instância pela qual o eu busca corresponder, por mais que isso implique em sofrimento para o sujeito. Assim, o ideal do eu é tido como um modelo a ser seguido, e o eu ideal, como aspiração final a se alcançar (LACAN, 1998, p. 678).

Com esses termos em vista, torna-se interessante retomar o percurso em Freud (2004, v. 1) para que se possa reunir recursos suficientes de análise do conceito. É na terceira parte da introdução ao narcisismo que se introduz o ideal do eu de forma mais clara:

> O amor por si mesmo que já foi desfrutado pelo eu verdadeiro na infância dirige-se agora a esse Eu-ideal. O narcisismo surge descolado nesse novo Eu que é ideal e que, como o Eu infantil, se encontra agora de posse de toda a valiosa perfeição e completude. Como sempre no campo da libido, o ser humano mostra-se aqui incapaz de renunciar à satisfação já uma vez desfrutada. Ele não quer privar-se da perfeição e completude narcísicas de sua infância. Entretanto, não poderá manter-se sempre nesse estado, pois as admoestações próprias da educação, bem como o despertar de sua capacidade interna de ajuizar, irão perturbar tal intenção. Ele procurará recuperá-lo então na nova forma de um ideal-de-Eu. Assim, o que o ser humano projeta diante de si como seu ideal é o substituto do narcisismo perdido de sua infância, durante a qual ele mesmo era seu próprio ideal. (FREUD, 2004, v. 1, p. 112).

FAZ-SE TUDO POR AMOR, INCLUSIVE MORRER: O IDEAL DE AMOR ROMÂNTICO E A EXPOSIÇÃO

Há nesse ponto uma satisfação resultante da perfeição narcísica da infância. Inicialmente, portanto, o eu ideal é o efeito de um discurso apaixonado dos pais, que abandona qualquer forma de consciência crítica e produz um modelo, uma imagem idealizada. Sobre esse ponto, Miguelez (2007) acrescenta que o eu ideal surge do interesse narcisista dos pais pelos filhos. Com isso, dar-se-á condição necessária para a construção do ideal do eu.

Deve-se observar ainda, como afirma Chasseguet-Smirgel (1992), que Freud tem em vista nesse momento a separação da perfeição inicial da criança e o despertar do julgamento crítico. Como afirma Freud (2004, v. 1, p. 114):

> Na verdade, foi a influência crítica dos pais que levou o doente a formar seu ideal-de-Eu, que lhe é transmitido pela voz e tutelado pela consciência moral; mais tarde somaram-se a esse ideal as influências dos educadores, dos professores, bem como de uma miríade incontável e infindável de todas as outras pessoas do meio (os outros, a opinião pública).

Seguindo o texto, chegamos a um ponto fundamental para o entendimento do ideal do eu, pois Freud parece anunciar o que mais tarde se desenvolveria com o conceito de supereu. Nesse sentido, é importante estabelecer algumas diferenciações. Quando Freud (2004, v. 1, p. 113) afirma que "não seria de admirar se encontrássemos uma instância psíquica especial que, quando a partir do Ideal do Eu, se incumbisse da tarefa de zelar pela satisfação narcísica", ele parece indicar esta *instância psíquica* como executora de um estado de vigilância vigoroso, e que tomaria como ponto de referência esse ideal. Aqui, faz-se interessante tecer mais comentários sobre os ideais de eu em relação ao supereu e à identificação.

Em *Psicologia de Grupo de Análise do Ego*, no capítulo sobre a identificação, Freud (1972, v. 18) afirma logo de início que o menino mostra interesse em se tornar como seu pai e tomar o seu lugar em tudo — o que nos remonta à afirmação freudiana sobre o *desejo infantil de ser grande e adulto*, presente nos *escritores criativos*.

A identificação do menino com seu pai, por exemplo, possui íntima relação com a primeira fase da organização da libido, oral, com o anseio pela ingestão, tal como o canibal que só devora quem admira. Ou seja, nota-se a identificação como a forma mais primitiva de ligação com o objeto. O segundo tipo possível de identificação pode ser visualizado no exemplo em que uma menina desenvolve o mesmo sintoma penoso de sua mãe. Nesse caso, há um desejo hostil de tomar o lugar da mãe, ocasionando um sentimento de culpa que pode ser entendido da seguinte forma: se você queria ser sua mãe, agora você é, ao menos em relação aos seus sofrimentos. Por outro lado, o sintoma poderia ser o mesmo da pessoa amada. Nesse caso, a identificação aparece no lugar da escolha de objeto, que regrediu para a identificação. O Eu assume as características do objeto (FREUD, 1972, v. 18).

Um terceiro exemplo de identificação, ainda no mesmo texto, exclui uma relação objetal com a pessoa amada e tem como movimento a tentativa de se colocar numa situação semelhante à outra pessoa. É o que possibilita a análise entre indivíduos que compõe uma massa, em razão de comunhão afetiva que envolve um laço tal como o que liga cada indivíduo ao chefe. Em *Estar amando e hipnose*, Freud (1972, v. 18) analisa, dentre outras questões, o fenômeno da supervalorização sexual no amor. O que ele afirma impressionar é:

> [...] o fato de o objeto amado desfrutar de certa liberdade quanto à crítica, e o de todas as suas características serem mais altamente valorizadas do que as das pessoas que não são amadas, ou do que as próprias características dele numa ocasião em que não era amado. (FREUD, 1972, v. 18, p. 142).

A idealização, portanto, falseia o julgamento e se compara ao estado de hipnose pela sujeição que implica na relação com o objeto amado: o hipnotizador colocou-se no lugar do ideal do eu — com exclusão do elemento sexual. Por outro lado, quando em relação a um grupo, a relação hipnótica isola o comportamento do indivíduo ao líder, distinguindo-se daquela outra identificação apenas por uma limitação de número. Assim, Freud (1972, v. 18, p. 147) afirma que "um grupo primário desse tipo é um certo número de indivíduos que colocaram um só e mesmo objeto no lugar de seu ideal do eu e, consequentemente, se identificaram uns com os outros em seu ego".

Podemos visualizar esse aspecto grupal no capítulo dez do mesmo trabalho, intitulado "O grupo e a horda primeva", no qual Freud (1972, v. 18) relaciona as características coercitivas das formações grupais, presentes nos fenômenos da sugestão, com a origem da horda primeva — que é discutido em *Totem e tabu* (FREUD, 1913). Então,

> [...] [o] líder do grupo ainda é o temido pai primevo; o grupo ainda deseja ser governado pela força irrestrita e possui uma paixão extrema pela autoridade. [...] O pai primevo é o ideal do grupo, que dirige o ego no lugar do ideal do ego (FREUD, 1972, v. 18, p. 161).

FAZ-SE TUDO POR AMOR, INCLUSIVE MORRER: O IDEAL DE AMOR ROMÂNTICO E A EXPOSIÇÃO

Anos mais tarde no estudo intitulado *O Eu e o Id* (FREUD, 1923) é possível notar a introdução do termo *Supereu* como equivalente ao Ideal do Eu. Nesse momento, Freud ainda investe na análise da identificação e considera as primeiras identificações — identificação primária, anterior a todo investimento objetal — como gerais e duradouras, desenvolvendo a gênese do ideal do eu.

Posteriormente, com o caráter triangular do Édipo e da bissexualidade, haverá uma identificação secundária. Em uma criança do sexo masculino, por exemplo, há uma relação com a mãe baseada no objeto que é o próprio seio materno. Por sua vez, diante do pai há uma identificação temporária que dá lugar a outro momento, o qual se inicia pela intensificação dos desejos sexuais com relação à mãe e da percepção do pai como obstáculo. A identificação paterna exibe agora uma hostilidade pelo desejo de afastar o pai do caminho à mãe — ambivalência afetiva, o Édipo propriamente dito. No entanto, com o declínio do Édipo pode haver uma desistência do investimento do menino na mãe e uma identificação com ela, ou, por outro lado, pode haver uma identificação reforçada para com o pai.

Nota-se na leitura do estudo freudiano que a existência do complexo de Édipo em relação com a bissexualidade indica quatro tendências e uma dupla identificação, o que dificulta a diferenciação do que são, de fato, as escolhas objetais primitivas e a identificação:

> Dessa forma, podemos supor que, como resultado mais comum dessa fase sexual regida pelo complexo de Édipo, encontraremos no Eu um precipitado que consiste do produto dessas duas identificações de alguma forma combinadas. Essa mudança que ocorre no Eu terá, dali em diante, um papel especial, apresentando-se frente ao outro conteúdo do Eu na forma de um Ideal-do-Eu ou de um Supra-Eu. (FREUD, 1923, p. 44).

Dirá Freud (1923), mais adiante, que o ideal do eu e o supereu são representantes da nossa relação com nossos pais e correspondem a todas as expectativas em relação ao indivíduo. De fato, o ideal do eu entrou no lugar da nostalgia e anseio pelo pai — relacionado ao narcisismo —, contendo o gérmen da religião e do juízo a respeito das próprias insuficiências pessoais. Quanto à moral, o papel de pai foi tomado por autoridades e professores, de forma que a presença destes irá manter-se na forma de consciência moral — relacionando, portanto, o supereu ao Édipo.

3.4 Amor e frustração amorosa na obra freudiana

O tema do amor permeia a clínica empreendida por Freud desde seu início, constituindo, além disso, um dos principais fundamentos teórico--epistemológicos da psicanálise, como indicam diversos autores. De fato, desde o título bastante revisado dos *Estudos sobre a histeria* (FREUD, 1972, v. 2), passando pelos *Fragmentos da análise de um caso de histeria* (FREUD, 1972, v. 7), Freud se dedicou à análise de mulheres como Miss Lucy R., Fraülein Elizabeth von R. e Dora, que vieram a fornecer material emblemático acerca da clínica psicanalítica, tecendo tramas em que, além de outros aspectos, tangenciavam os temas do amor e da histeria.

O desenvolvimento teórico presente nos *Estudos sobre a histeria* indica o árduo trabalho de desenvolvimento da técnica psicanalítica, como: o uso da sugestão hipnótica e a passagem ao instrumento da interpretação. Ou ainda: compreensões iniciais acerca do funcionamento da amnésia histérica, do processo primário e da transferência como obstáculo à escuta.

Interessante atentar que nesse período em que estamos nos detendo, além da germinação de princípios básicos do corpo teórico psicanalítico, Freud (1972, v. 2, p. 37) chama atenção para o importante papel etiológico da histeria exercido pelas "relações sexuais" e "maritais". É o caso de Fraülein Elizabeth von R., primeira análise integral de uma histeria empreendida por Freud no ano de 1892, uma jovem que tinha como sintoma a condensação de uma dor em uma região específica de sua perna após perdas consideráveis em sua vida afetiva e familiar.

Deve-se notar logo de início que um de seus descontentamentos enumerados por Freud (1972, v. 2, p. 189) é o de que a paciente "estava indignada por ter de sacrificar suas inclinações e sua liberdade de julgamento pelo casamento" e "estava muito descontente por ser mulher" no sentido das impossibilidades culturais que isso implicava.

Tais queixas parecem referir-se ao conflito presente na fala de Elizabeth von R. quanto às esperanças e frustrações pelas quais ela passara em relação aos convívios matriciais, tanto por proximidade ao caminhar da vida de suas irmãs quanto aos anseios pelas quais ela mesma enfrentava diante desse aspecto tão valorizado em sua vida — chegando a depositar expectativas de que o casamento de suas irmãs poderia incutir na melhora da saúde de sua mãe e do ambiente familiar. Como afirma Freud (1972, v. 2, p. 193):

> Eis aqui, portanto, a infeliz história dessa moça orgulhosa, que queria o amor. Incompatibilizada com seu destino, amargu-

> rada pelo fracasso de todos os seus pequenos esquemas para o restabelecimento das antigas glórias da família, com todos os que ela amava mortos, distantes ou separados, despreparada para refugiar-se no amor de algum homem desconhecido, vivera quase dezoito meses numa reclusão quase completa.

Por conseguinte, já não fosse suficiente para Elizabeth ter de lidar com tantas perdas amorosas em sua família, bem como a frustração de não encontrar substitutos para uma vida afetiva mais satisfatória — a exemplo da possibilidade de encontrar algum amor em suas expectativas conjugais, ela parecia não poder dar mais nenhum passo à frente em seu amor direcionado ao jovem próximo à família e a seu cunhado, agora viúvo de sua própria irmã.

Pode-se pensar, de acordo com Paz (2009), que os conflitos relacionados aos tortuosos caminhos do amor aparecem, desde o início da clínica freudiana, bastante aproximados à etiologia da histeria e à prática clínica. Não por acaso, os conflitos inerentes ao amor são novamente presenciados na leitura do caso de Miss Lucy R. em que Freud (1972, v. 2), ao tentar se aproximar das primeiras cenas fundamentais ao desenvolvimento de seus sintomas fóbicos e de alucinação olfativa, constrói a imagem conflitiva em que Lucy se via ao ter de optar entre o amor de sua mãe de saúde frágil, ou das duas crianças que ela cuidava e amava como se fossem seus filhos.

No entanto, não somente este conflito afetuoso se mostrou determinante para Lucy R., como adverte Freud (1972, v. 2, p. 164) em interpretação pronunciada a ela:

> [...] [n]ão posso pensar que essas sejam todas as razões dos seus sentimentos pelas crianças. Creio que realmente você está apaixonada pelo seu patrão, o Diretor [...] e que nutre a esperança secreta de realmente tomar-lhes o lugar da mãe.

Assim, a impossibilidade de consumação desse amor tomou primeiro plano no desenvolvimento dos conflitos na vida de Lucy R.

Mais uma vez — e não seria a última — o amor toma relevância quando Freud (1972, v. 7) analisa Dora poucos anos depois. As constantes queixas da paciente direcionadas a seu pai constroem um enredo de audaciosas possibilidades de trocas amorosas. Não é nosso objetivo enumerá-las e detalhá-las, mas pode ser interessante destacar alguns pontos.

Inicialmente, Freud (1972, v. 7, p. 28) relaciona três sintomas de Dora à cena de um primeiro contato mais íntimo e inesperado com Herr K.: "a repugnância, a sensação de pressão na parte superior do corpo e a evitação de homens em conversa afetuosa". Tais sintomas teriam sido originados a partir do episódio em que Herr K. teria beijado Dora e pressionado seu corpo contra o dele sem quaisquer prenúncios. Após esse acontecimento, Dora passara a direcionar profundas críticas a seu pai por considerar demasiadamente próxima a relação entre ele e a Sra. Frau K., quando esta assumiu papel de cuidadora durante enfermidade dele.

Nesta breve nota, é possível perceber em Dora uma cadeia de aproximação e distanciamento em relação ao amor, onde são figuradas duas famílias — a dela própria e dos K. Desse jogo amoroso, tem-se como desenvolvimento na vida da paciente de Freud um grande conflito psíquico em que não somente amor surge como peça central, mas revela sua face obscura de frustrações e impedimentos.

Tal ponto é digno de nota quando lemos Freud (1972, v. 2, p. 209) na discussão a partir da escuta de sua primeira paciente histérica, Fraülein Elisabeth von R., em que ele afirma: "ainda me surpreende que os históricos de casos que escrevo pareçam contos e que, como se poderia dizer, eles se ressintam do ar de seriedade da ciência". Talvez aqui, Freud expresse de alguma maneira a proximidade entre a teoria que ele estava empenhado em desenvolver e sua paixão pela literatura, tendo, como via de encontro, a manifestação de romances pessoais e seus tantos desdobramentos — tal como uma obra de Goethe, pode-se pensar. Talvez por essa via, Freud afirme:

> Relatos dessa natureza destinam-se a ser julgados como psiquiátricos; possuem, contudo, uma vantagem sobre os outros, a saber, uma ligação íntima entre a história dos sofrimentos do paciente e os sintomas de sua doença [...]. Descrevi o caráter da paciente, as características encontradas com tanta freqüência em pessoas histéricas, para as quais não existe nenhuma desculpa para considerar como conseqüência de degenerescência: seus dons, sua ambição, sua sensibilidade moral, sua excessiva busca de amor. (FREUD, 1972, v. 2, p. 210).

Deste posicionamento de Freud, pode-se notar a profunda relação entre a etiologia das neuroses, especialmente aqui da neurose histérica, e o amor. Além disso, Freud (1972, v. 2) nomeia esse movimento de inclinação à histeria como "excessivo". De fato, essa *excessiva busca de amor* é claramente presente na clínica freudiana deste período, no entanto, deve-se ressaltar de acordo com Paz (2009) que se tratando do desenvolvimento da metapsicologia, ainda não há uma distinção mais objetiva entre o que seriam *sexualidade* e *amor*.

Algumas questões teóricas decorrem deste ponto, de acordo com Paz (2009, p. 51), pois em primeiro lugar: "Freud não sublinha a aproximação entre esta sexualidade recalcada, impulsos não ab-reagidos, não-descarregados, à pulsão, mas aos representantes psíquicos incompatíveis à consciência". Além disso, ainda Paz (2009, p. 51), "Freud dá ainda *destaque ao amor na construção de uma clínica da neurose* não apenas no que concerne à elaboração de uma intervenção clínica, mas *também no que diz respeito ao desencadeamento da neurose*". Vejamos a importância destas ressalvas.

Há que se levar em consideração o fato de que Freud iniciou a empregar o termo *Trieb* (pulsão) em 1905, nos seus fundamentais *Três ensaios sobre a teoria da sexualidade*, portanto, anos depois de seus estudos clínicos citados anteriormente. Assim, quanto à primeira ressalva, quando Freud se dedica às questões emergentes na análise de suas pacientes, os termos *amor* e *sexualidade* se mostram indissociáveis no que concerne ao que fora impedido, negado à consciência ou reprimido.

Dito de outra maneira, apesar da importância dada por Freud ao amor — ainda bastante aproximado à sexualidade como algo reprimido —, deve-se levar em consideração os limites de uma afirmação descuidada com a qual se atribui aos *Estudos sobre a histeria* (FREUD, 1972, v. 2), fundamentos esclarecidos sobre o amor e a psicanálise freudiana.

No que diz respeito à segunda observação, a saber, do amor relacionado ao desencadeamento da neurose, é possível notar nos primeiros casos escutados por Freud como o curso da análise caminhava para o desvelamento de um amor que não podia ser consumado e que, portanto, havia sido afastado da consciência por impossibilidade, retornando como sintoma neurótico.

Algumas das condições que podem ser determinantes no desenvolvimento de um quadro neurótico são analisadas por Freud, no artigo sobre os *Tipos de adoecimento neurótico* — de 1912 — em que logo de início ele afirma:

> A causa mais evidente, mais encontrável e também mais compreensível para o adoecimento neurótico acha-se no fator externo que pode ser geralmente designado como *frustração*. O indivíduo era saudável, enquanto sua necessidade de amor era satisfeita por um objeto real do mundo externo. Torna-se neurótico quando esse objeto lhe é retirado, sem que ache um substituto para ele. (FREUD, 1910, p. 230, grifo do autor).

É essencial observar a referência empreendida por Freud à frustração pelo amor como causa precipitante do desenvolvimento da sintomatologia neurótica, especialmente após a retomada das primeiras análises empreendidas por ele e discutidas anteriormente, pois novamente o tema — amor e frustração — retorna como peça fundamental para o entendimento dos conflitos básicos do sujeito, bem como seu papel central no desenvolvimento da neurose.

3.5 Amor e narcisismo

O estudo do narcisismo — termo cunhado por Freud (1972, v. 11) pela primeira vez em *Leonardo da Vinci e uma Lembrança de sua infância* — tem como uma das principais vias de acesso ao narcisismo o estudo da vida amorosa. Nesta, como já amplamente debatida, duas são as possibilidades que se mostram: ama-se a si mesmo em uma *escolha narcísica* de objeto, ou ama-se quem protege e cuida na forma *anaclítica* ou *por apoio*.

O amor do tipo narcísico revela a predominância do narcisismo primário. Já a escolha anaclítica faz referência à forma objetal de amor. Deve-se notar que ambas as escolhas amorosas se apresentam, em proporções variadas, a todos os seres. O amor por quem cuida e protege, ou seja, a escolha anaclítica de objeto, faz referência à satisfação das pulsões do eu e, levando em consideração o estudo dos três ensaios, à noção de apoio. Esta, empreendida em 1905, faz alusão à relação entre a satisfação das necessidades orgânicas e a subversão destas pelas pulsões sexuais. Assim, ao analisar as primeiras satisfações sexuais como apoiadas nas funções corpóreas, Freud (1972, v. 7) entende que, de modo geral, aqueles que exercem os primeiros cuidados ao bebê são também os primeiros objetos sexuais. Anos mais tarde, Freud (1972, v. 11) distingue dois grupos de pulsões, do eu/autoconservação e sexuais. A relação que se estabelece é a seguinte: as pulsões sexuais encontram seus objetos por apoio às pulsões de autoconservação.

Associa-se a escolha anaclítica às pulsões do eu/autoconservação, e essa escolha é, por sua vez, relacionada por Freud (2004, v. 1) à supervalorização sexual advinda do narcisismo. Dito de outra forma, a escolha anaclítica tem como característica a supervalorização sexual por transferência do narcisismo infantil ao objeto sexual — supervalorização essa que não se verifica na escolha narcísica propriamente dita.

Tem-se, assim, a origem do estado de apaixonamento e, como resultado, um eu empobrecido libinalmente. Mas, questiona Lejarraga (2002), por qual motivo se deve opor a escolha narcísica à escolha anaclítica se a característica desta é a supervalorização sexual que advém justamente do narcisismo? Ela argumenta:

> Se a superestimação sexual é, como diz Freud, 'marca inequívoca que consideramos como estigma narcisista', e por outro lado, um traço diferenciador da escolha anaclítica, a escolha anaclítica se tornaria também narcísica, se desfazendo a diferença entre amor de objeto e amor narcísico. Ambas as escolhas portariam a marca do narcisismo infantil, que existe em todo ser humano. (LEJARRAGA, 2002, p. 89).

Qual seria então a diferença? Na escolha narcísica, sustenta-se a imagem narcísica, e, na escolha anaclítica, a libido narcísica investida nos objetos, idealizando-os. A escolha anaclítica diz respeito ao amor de objeto em sua forma plena, com o estado de apaixonamento e supervalorização sexual, fazendo coincidir a escolha anaclítica e a libido objetal. A escolha narcísica implicaria então numa libido narcísica? Para ir adiante nesse questionamento, será necessário analisar três polaridades presentes em no estudo freudiano sobre o Narcisismo (FREUD, 2004, v. 1).

3.6 Três polaridades da introdução ao narcisismo

No texto sobre o narcisismo (1914), podem ser destacados três níveis de análise conceitual: pulsões (sexuais ou do eu), tipo de escolha objetal (anaclítica ou narcísica) e caráter da libido (narcísica ou objetal). Tais categorias devem ser cuidadosamente avaliadas para que se possa entender quais suas possíveis articulações.

Quanto à polaridade da libido (narcísica ou objetal), depender-se-ia do ponto de chegada para que se pudesse caracterizá-la. No entanto, tal distinção que serviria à oposição entre psicose e neurose dá lugar, na teoria freudiana, à outra em que o ponto de partida adquire maior relevância. Trata-se, então, de verificar a origem do investimento libidinal.

Tomando então como princípio a origem da libido, pode-se considerar, por exemplo, o apaixonamento como correspondendo tanto à libido objetal quanto à libido narcísica. Nesse sentido, a libido dita narcísica faz referência à fonte de investimento erótico e também se encontra relacionada a traços narcísicos como a onipotência e a idealização.

A energia libidinal pode então oscilar entre uma forma mais próxima ao caráter narcísico (remetendo aos caracteres da especularidade, onipotência e idealização próprios do narcisismo) ou ao caráter objetal (havendo maior grau de objetivação e de satisfação das pulsões sexuais nos objetos da realidade). Como afirma Lejarraga (2002):

> Como o ponto de origem da libido será sempre o eu (ou o isso), ou seja, narcísico, a vaga diferença entre libido narcísica e objetal tende a se diluir. Assim, da mesma forma que dizíamos que toda escolha anaclítica podia também ser concebida como narcísica, podemos considerar que toda libido objetal é também, em parte, narcísica. [...] Entendemos que a leitura freudiana permite tanto diluir essas três polaridades, apagando suas diferenças, quanto enfatizar aspectos particulares que impedem de homogeneizar os termos. Assim, é possível entender que a escolha anaclítica é também narcísica, que as pulsões egóicas são também sexuais e que a libido objetal tem uma base narcísica. (LEJARRAGA, 2002, p. 90-91).

A gênese do eu se dá em relação ao narcisismo, sendo assim, deste, o sujeito jamais poderá se desvencilhar. Dessas amarras, destaca-se o ímpeto amoroso como constituinte tanto da subjetividade quanto dos fenômenos contemporâneos que aqui se pretende analisar face às mulheres vivendo com Aids.

3.7 Narcisismo, ideal do eu e idealização

Em *Para introduzir o narcisismo* (FREUD, 2004, v. 1), a função do *ideal* se assemelha à função da *idealização*. No entanto, há de se notar diferenciações entre ambas a partir da concepção da sublimação enquanto destino pulsional. A sublimação, por exemplo, pode permitir que se configurem diversos destinos criativos na busca por um ideal, o que conotaria, nestes atos, uma certa maleabilidade. Por outro lado, na idealização, a sublimação pode ser suprimida se o engrandecimento do objeto for tão significativo que empobreça o eu, impedindo que haja libido a ser direcionada aos próprios ideais.

Na idealização há uma supervalorização de características inexistentes, mas faz referência a um objeto que minimamente pressupõe uma existência, por mais especular que possa ser. Difere-se novamente da formação do ideal, pois neste ocorre um investimento à noção imaginária de perfeição, impondo exigências das mais variadas ao eu: condição para recalques, repressões, idealizações e sublimações (LEJARRAGA, 2002).

Freud (1972, v. 18) afirma logo no início do capítulo VIII de *Psicologia das massas e análise do eu* que:

> É no caso desse enamoramento [das pulsões ternas da primeira infância inibidos em sua meta] que desde o início nos saltou à vista o fenômeno da superestimação sexual. [...] O que aí falseia o juízo é o pendor à idealização. Com isso nós vemos

> facilitada a orientação; percebemos que o objeto é tratado como o próprio Eu, que então, no enamoramento, uma medida maior de libido narcísica transborda para o objeto. Em não poucas formas de escolha amorosa torna-se mesmo evidente que o objeto serve para substituir um ideal não alcançado do próprio Eu. (FREUD, 1972, v. 18, p. 71).

Tratando-se do apaixonamento analisado nesta passagem, pode-se compreender que o objeto adquire o estatuto de um ideal e, nesse sentido, torna-se idealizado. Tal escolha anaclítica faz referência à idealização como aquele que cumpre a condição infantil do amor. Nesse sentido, como afirma Lejarraga (2002), a idealização no apaixonamento significa pôr o objeto no lugar daquele que oferece a sensação infantil de plenitude e onipotência. É clara a presença de um componente cultural na formação dos ideais. O texto de Freud (2004, v. 1) sobre o Narcisismo permite compreender de que modo o que é transmitido a cada um pelas vozes de quem cuida e provê, tece enunciações ao mesmo tempo muito particulares, mas que também tangenciam enunciados referentes a valorações socialmente construídas.

Dessa maneira, falar do amor e do apaixonamento implica considerá-los como um arranjo único nos moldes de nossa cultura, que têm fortes laços com a modernidade. Esses modelos de amor e paixão remetem às duas vertentes de amor rousseauniano, que se pretende abordar como modelo na presente obra: o amor conjugal e o apaixonamento. Isto, pois como afirma Lejarraga (2002, p. 105): "[a] proposta rousseauniana de tornar o apaixonamento base da família e da sociedade, inclui o destino amoroso da paixão, derivando o amor conjugal do fogo passional dos começos".

3.8 A transferência na teoria freudiana

Um dos pontos que diferencia a psicanálise de outras terapêuticas em geral é o manejo da transferência, conceito que percorre a teoria freudiana desde os *Estudos sobre a Histeria* (FREUD, 1972, v. 2), até o *Esboço da Psicanálise* ([1938]1940). Em sem início, n'*A Psicoterapia da Histeria*, Freud (1972, v. 2) percebia a transferência como um fenômeno pontual no tratamento, resultante de um processo análogo ao do trabalho do sonho em que um desejo antigo passava a se ligar a uma representação recente. Dito de outro modo, seria como se algum elemento da história do sujeito se ligasse a uma experiência recente e viesse à tona a partir desta, atravessando a barreira da censura. Neste momento, a transferência é compreendida como um deslocamento do afeto de uma representação para outra e ainda não compõe elemento fundamental na direção do tratamento.

Em 1900, Freud escreve *A Interpretação dos Sonhos*, juntamente com *Os três ensaios sobre a teoria da sexualidade* (FREUD, 1972, v. 7). Neste período de construção da psicanálise, Freud busca especificar o campo próprio desse novo saber ao escolher a escuta dos sonhos como paradigma de decifração dos mecanismos da vida psíquica. A partir da experiência de interrupção do tratamento por Dora, Freud (1972, v. 7) deu novos passos ao conceito, circunscrevendo-o no seio do tratamento analítico. Freud (1972, v. 7, p. 114) afirma que a transferência: "parece predestinada a agir como maior obstáculo à psicanálise e torna-se seu mais poderoso aliado, se sua presença puder ser destacada a cada vez e explicada ao seu paciente". No posfácio do Caso Dora, Freud (1972, v. 7, p. 212) introduz uma modificação significativa em sua concepção ao afirmar que, durante uma análise, antigas formações mentais são reimpressas em um contexto atual:

> Que são transferências? São novas edições, reproduções dos impulsos e fantasias que são despertados e tornados conscientes à medida que a análise avança, com a substituição — característica da espécie — de uma pessoa anterior pela pessoa do médico. Colocando de outra forma: toda uma série de vivências psíquicas anteriores é reativada, mas não como algo passado, e sim na relação atual com o médico.

Estas formações mentais podem se manifestar de modos diversos. A transferência pode se efetivar como uma sobreposição do material representado a uma dada situação presente, como se um filme fosse reeditado com poucas modificações em seu conteúdo. Por outro lado, a transferência também pode ganhar destinos de sublimação, reeditando aquelas experiências nas situações presentes. Nesse trabalho, de acordo com Roudinesco e Plon (1998), Freud teve sua primeira experiência com a transferência e, recusando-se a ocupar um lugar nesse endereçamento amoroso, postura que o próprio viria a analisar mais tarde como uma contratransferência, e que despertara uma transferência negativa na paciente.

Anos mais tarde, em *A Dinâmica da Transferência*, Freud (1972, v. 12) analisa como influências sofridas nos primeiros anos de vida de cada pessoa encontram um método de novamente serem conduzidas à sua vida erótica atual. A relação de uma pessoa com objetos amorosos da realidade presente pode ser conduzida por meio de uma repetição, um clichê na retomada de heranças vividas desde os primeiros anos da infância. Enquanto uma parcela

FAZ-SE TUDO POR AMOR, INCLUSIVE MORRER: O IDEAL DE AMOR ROMÂNTICO E A EXPOSIÇÃO

desses registros é acessível à consciência, outra parte permanece inconsciente e também latente pela via da fantasia. Então, se sua necessidade de amar não é inteiramente satisfeita na realidade, essa pessoa se aproxima da outra com ideias libidinais antecipadas, conscientes e inconscientes. Esse investimento encontrando-se parcialmente insatisfeito e poderá então incluir, por exemplo, o analista numa das séries psíquicas já formadas, como: a imago paterna, materna ou fraterna.

Ainda neste trabalho de Freud (1972, v. 12), verifica-se a diferenciação entre transferências positivas e negativas que dizem respeito aos sentimentos de ternura e amor, na primeira, e de hostilidade e agressividade na segunda forma de transferência. Ambas as modalidades também podem se manifestar de modo conjunto, revelando a ambivalência afetiva própria da sexualidade infantil:

> Quanto mais um tratamento analítico demora e mais claramente o paciente se dá conta de que as deformações do material patogênico não podem, por si próprias, oferecer qualquer proteção contra sua revelação, mais sistematicamente faz ele uso de um tipo de deformação que obviamente lhe concede as maiores vantagens – a deformação mediante a transferência. Essas circunstâncias tendem para uma situação na qual, finalmente, todo conflito tem de ser combatido na esfera da transferência. (FREUD, 1972, v. 12, p. 139).

Segundo Freud (1914 [1969]) — em *Recordar, repetir e elaborar* —, na análise o manejo da transferência é o instrumento principal para reprimir a compulsão do paciente à repetição e transformá-la num motivo para recordar. A transferência cria, então, uma região intermediária entre a doença e a vida real, e com isso a transição de uma para a outra é efetuada. Essa nova condição assumiu todas as características da doença, no entanto representa uma doença artificial, que é acessível à nossa intervenção: "[t]rata-se de um fragmento de experiência real, mas um fragmento que foi tornado possível por condições especialmente favoráveis, e que é de natureza provisória" (Freud, 1914 [1969], p. 170). Por meio das reações repetitivas mostradas na transferência, o analista é levado ao longo dos caminhos familiares até o despertar das lembranças, que aparecem sem dificuldade após a resistência ter sido ultrapassada.

Para superar as resistências, o primeiro passo dado é revelando ao paciente a resistência que nunca é reconhecida por ele, e familiarizá-lo com ela. Os analistas devem entender que não é apenas dar à resistência um nome que isso poderia resultar em sua cessão imediata, sendo necessário ao paciente um tempo para que ele próprio possa se familiarizar com ela, para assim elaborá-la (FREUD, 1914 [1969]).

As observações brevemente dispostas acerca da transferência na obra freudiana apontam para um manejo terapêutico, uma postura do analista que faz a contraparte da regra fundamental anunciada ao paciente.

3.9 Amor e transferência

A sexualidade insiste em seu lugar central na cultura apesar das diversas modificações de sua expressão em nosso tempo, pois, conforme afirma Maurano (2006), o amor figura como salvador da existência humana. Na transferência, como vimos até aqui, dá-se um laço afetivo intenso do sujeito em relação ao analista — fato que Freud permitiu operar a passagem de sua teoria do trauma à análise da transferência, conferindo um novo lugar ao analista em seu discurso. Nesta, uma série fantasística ganha movimento. Nas palavras de Maurano:

> O traço característico consiste na substituição do afeto por uma pessoa importante na vida do sujeito, pela pessoa do médico, que funcionará como intérprete disso que está sendo lembrado em ato, ou seja, atuado pelo paciente. (MAURANO, 2006, p. 110).

Da presença técnica e teórica da transferência na clínica, desloca-se o lugar do significante "médico" para a posição de analista, que encara a transferência como um passado transformado em ato. Nesse encontro com o passado presentificado, revela-se o que há de mais verdadeiro em relação ao desejo. O sujeito direciona seu desejo ao Outro, encarnado numa pessoa de seu passado e reencontrado na figura do analista. Nesse direcionamento ao Outro, existe uma expectativa de retorno que muito fala das posições subjetivas ocupadas pelo sujeito em seus romances familiares e que organizam seus investimentos psíquicos.

Todas as nossas relações se dão por meio de um mecanismo transferencial, e, por isso mesmo, o conceito possui forte relação com tema do amor. De fato, o amor em outras modalidades de laço social é o mesmo sentimento presente num trabalho analítico, porém nesta o amor figura como elemento fundamental na análise da transferência.

Levando-se em consideração as características das pulsões em Freud (2004, v. 1), quanto à característica parcial dos objetos pulsionais, sabe-se que na clínica o sujeito neurótico apresenta sua libido investida para o sintoma. Nesse sentido, como afirma Maurano (2006, p. 154) "ele [o neurótico] encontrou sua única via de obter alguma satisfação, apesar do preço que paga por ela". O sintoma constituindo a própria vida sexual dos neuróticos, conforme afirma Freud (1996, v. 16) na conferência XX, põe em evidência a economia libidinal em seu direcionamento enfraquecido ao amor e ao labor, o que Freud considera ser uma vida dita normal em seu tempo.

Para tanto, o trabalho analítico permitiria uma maleabilidade nessa relação sexual com o sintoma para que a energia sexual pudesse ser destinada a outros objetos dispostos na cultura. Eis aqui um ponto central, pois este movimento se dá justamente na relação com o analista pela via da transferência. Assim, a recordação de elementos da Outra cena, cena inconsciente, permitiria rever conflitos por meio de novos contextos — isso possibilitaria uma nova posição e, portanto, novas possibilidades de soluções para o sujeito.

A entrada em análise se dá a partir do momento em que um indivíduo acredita haver um saber a ser decifrado em seus sintomas. Nesse momento, procura-se um analista pela suposição de que há algum saber que o guiará à resolução de seus conflitos. Aqui já é possível verificar que o analista é posto no lugar do Outro, aquele figura como garantia de um saber como verdade, portanto, de direcionamento de suas demandas. É aí que, conforme afirma Maurano (2006, p. 231), "essa suposição de um saber no Outro que Lacan localiza como pivô do deslanchamento da transferência, via pela qual o analista vem a encarnar a função de *sujeito suposto saber*".

O sujeito passa a demandar que o analista permita acesso ao saber presente em seu sintoma — este que chegou a constituir "a melhor solução para lidar com o que se lhe apresenta como real traumático, servindo para encobri-lo", no entanto, "passou, num dado momento, a trazer mais dano do que ganho" (MAURANO, 2016, p. 237).

Na transferência em Lacan, têm-se o apelo ao saber (relação com a linguagem) e o apelo ao ser (na demanda de amor). Quanto ao apelo ao ser, afirma Lacan (1972-1973, p. 45): "o amor visa ao ser, isto é, aquilo que, na linguagem, mais escapa — o ser que, por um pouco mais, ia ser, ou, o ser que, justamente por ser, fez surpresa". O trabalho analítico permite o aumento do fluxo do acaso, abrindo espaço para o imprevisto. Reencontra-se com o real traumático, o que possibilita a abertura para o novo — repetição como *tique*, que demanda um acesso ao saber do Outro, em diferenciação ao *autômaton* e sua rotineira repetição em torno de velhos significantes.

Na análise, o amor surge da expectativa destinada à figura do analista, que este possua um saber que possa preencher o furo da relação do sujeito com o Outro. Nas palavras de Maurano (2006, p. 29): "somos comandados por aquilo que desse Outro — dessa alteridade radical — apreendemos como objeto, ou seja, como um particular objeto que orienta nossa existência como sujeitos desejantes". É em torno desse objeto anterior e exterior à nossa existência — o *objeto a* — que giramos em busca desse Outro. Esse movimento corresponde justamente ao caráter enigmático presente no Outro, resultante da impossibilidade de atingir sua dimensão, seu valor. Conforme afirma a autora:

> Entretanto, é como se desse Outro pescássemos um objeto, e, fazendo seu contorno, atingíssemos a dimensão do Outro como alteridade, efetivando um circuito até ele. E assim, por um objeto que tem como característica essencial o fato de se apresentar como falante — mas de também apontar uma promessa, constituindo-se como causa de desejo —, inauguramos nossa atividade psíquica nos tornando sujeitos desejantes. (MAURANO, 2006, p. 30).

Este ponto faz referência à *Interpretação dos sonhos* em que Freud (1900) analisa três pontos fundamentais: os sonhos possuem sentido; constituem realizações de desejos; e estes possuem conteúdo sexual. Nesse sentido, o sonhador relata verbalmente o que sonhou, uma vez que não tem acesso aos *conteúdos latentes*, mas apenas aos *conteúdos manifestos* resultantes do trabalho do sonho. Depreende-se disso que os sonhos não constituem um correlato exato do conteúdo inconsciente, mas manifestações condensadas, deslocadas, censuradas e pitorescas daquele, e mesmo que se tivesse acesso, a estrutura psíquica presente desde os capítulos VII e VIII da *Interpretação dos sonhos*, apenas representam a *das Ding*, a coisa para sempre perdida e nunca de fato atingida.

Resta ao sujeito o *objeto a*, objeto que causa o desejo para sempre insatisfeito no distanciamento fundamental da Coisa e no enigma que é a marca do desejo do Outro. Esse objeto marca, portanto, a falta estrutural do sujeito a partir de uma diferenciação radical da espécie em comparação a outros mamíferos: o desamparo.

FAZ-SE TUDO POR AMOR, INCLUSIVE MORRER: O IDEAL DE AMOR ROMÂNTICO E A EXPOSIÇÃO

Sabe-se que uma das maiores contribuições da psicanálise, de acordo com Birman (2001), se dá com o desenvolvimento da noção de desamparo. Talvez não à toa, esta possua um desenvolvimento que data desde o *Projeto para uma psicologia científica*, quando Freud (1985) analisa as implicações da primeira experiência de satisfação. Nesta, o organismo humano é inicialmente incapaz de promover uma ação específica no mundo externo — a não ser por uma ajuda alheia de uma pessoa experiente que volta sua atenção à criança — como o choro de um bebê. Esse choro adquire então o status de comunicação a partir de um desamparo inicial, fonte de todos os motivos morais.

Anos mais tarde, Freud (1926) analisa a perda de objeto, com a ausência da mãe, como fundamental na economia psíquica, provocando uma angústia necessária à autoconservação no bebê. Esta se mostra, portanto, como produto do desamparo psíquico da criança condicionado pela separação da mãe. Embora aproximado ainda à ideia de uma prematuridade humana no nascimento, o desamparo vai aos poucos ganhando delineamento no psiquismo no decorrer da obra freudiana.

É o que ocorre, por exemplo, no já avançado texto intitulado *O Futuro de uma ilusão* (1927) em que Freud relaciona o desamparo humano na cultura e a partir de protótipo infantil. Em termos aí presentes, o desamparo estaria presente no gérmen de criações culturais humanas para lidar com temores provenientes do mal-estar da sobrevivência, dos temores da natureza, do medo da morte, entre outros. Freud terminara O futuro de uma Ilusão no outono de 1927 e em 1929 inicia a escrever mais um livro de cunho sociológico, *O mal-estar na civilização*, que publicaria somente em 1930. O tema principal do livro era o antagonismo irremediável entre as exigências das pulsões e as restrições da civilização.

Neste aspecto, para lidar com o desamparo psíquico, Eros, responsável pelas ligações pulsionais, age de forma a produzir investimentos libidinais que confortam, imaginariamente, o eu em constituição. O universal do desamparo se singulariza na história de cada um a partir da relação de total dependência que a criança estabelece com quem lhe deu vida psíquica. Além disso, o desamparo é condição sempre presente na dependência inevitável ao outro. Como afirma Maurano (2006, p. 33):

> O que o caracteriza [o sujeito] é que, frente ao desamparo inerente à própria condição da humanidade, que não pode se fiar no seu instinto, como os outros animais, não tem outra alternativa senão se alienar no Outro, ou no desejo do Outro que o acolhe no mundo da linguagem, via pela qual ele tenta sanar seu prejuízo. (MAURANO, 2006, p. 33).

Esta operação de subjetivação consiste justamente num duplo movimento: alienação ao desejo do Outro, portando-se como objeto deste; e Separação, em que "não se trata mais de ser mero objeto do desejo do Outro, mas de, por uma peculiar torção, constituir-se ativamente como *desejo do desejo do Outro*" (MAURANO, 2006, p. 33).

3.10 O amor e o desejo do analista

Em Freud (2004, v. 1), no texto sobre as *Pulsões e seus destinos*, o amor é retratado como aquilo que se apresenta na expressão mais abrangente da aspiração sexual. Jorge (2008, p. 238) considera que esta é uma versão possível da afirmação em Lacan "ao dizer que o amor tenta preencher a falha que o sexo não consegue colmatar". Na psicanálise freudiana, pode-se pensar no amor e na pulsão, em termos estruturais, como pares contrários. Coutinho Jorge encarrega-se desta transmissão ao afirmar — no prefácio do livro intitulado *Amor, ódio e ignorância*:

> O amor, ao conjugar simbólico e imaginário, produz sentido e exclui o real em jogo no cerne do movimento pulsional. Em outros termos, estabiliza, produz homeostase. Não se diz que, para aquele que ama, a vida tem sentido? Mas o amor não quer saber do real, da falha, da perda, da ruptura, em suma, da separação. (FERREIRA, 2005, p. 11).

Em Lacan, o amor se encontra relacionado à transferência. Além disso, deve se notar uma ligação entre amor, ódio e ignorância, uma relação tríade bastante presente na clínica, ainda que carregue um sentido de estranhamento pela ligação ao termo "ignorância". Isso ocorre, pois, se amor e ódio são costumeiramente considerados duas faces da mesma moeda, na suposição do saber, a ignorância se apresenta como seu contrário: a *dessuposição*, muito embora a ignorância se apresente isenta de afeto, pois, nas palavras de Coutinho Jorge (2005, p. 11), "ela não quer corrigir o passado nem prefigurar o futuro". Não se trata nem de uma "reparação" e nem da busca por uma futura "separação", e sim de um trabalho com o presente. Quando no tema do amor ocorre uma ruptura, seu par antinômico logo se apresenta — como algo que sempre esteve por ali aos rodeios com o sujeito: a morte.

> [...] por detrás da pulsão sexual, (igualmente denominada por Freud de pulsão de vida), surge sempre a pulsão de morte, uma vez que toda pulsão é, no fundo, pulsão de morte. A pulsão sexual representa o segmento da pulsão de morte que

> foi sexualizado pela linguagem e doravante freado pela ação onipresente da fantasia inconsciente, a partir do momento em que se produziu o recalque originário. (JORGE, 2008, p. 238).

Jorge (2008) ainda observa que é essencial ao florescimento da pulsão que a criança perceba o amor e o desejo do outro. Nesse sentido, é da pulsão de morte que advém a pulsão de vida, uma vez que o desamparo concernente à prematuridade no ser humano o coloque numa posição bastante aproximada a inexistência.

Da ilusão do dois fazer um, problematiza-se o amor que cega e que, pelo qual, se faz tudo, *inclusive morrer*. Tem-se, aqui, uma sobreposição do imaginário em detrimento do simbólico, uma vez que aquele carrega a noção de um sentido único e fechado, diferentemente do simbólico que se articula por oposição significante. Nesse trajeto, portanto, o amor comporta uma ilusão que, da completude, busca negar a falta estruturante nomeada em psicanálise como castração. Nas palavras de Nadiá Ferreira (2005, p. 15): "[c]astigo de Zeus, pecado original ou real são as respostas dadas, respectivamente, pelo mito, pelo cristianismo e pela psicanálise para essa falha estrutural que não cessa de comparecer e deu origem ao amor em suas múltiplas faces".

Em seu seminário intitulado *A ética da psicanálise*, Lacan (1960-1961/2010) retoma Freud (1913) em relação ao tabu do incesto enquanto lei fundamental e constitutiva da cultura. Essa lei, tornada paradigma, constitui cultura em oposição à natureza, uma vez que as regras de parentesco não adquirem seu estatuto pela via da biologia. Nessa proposição freudiana, acentua Lacan (1960-1961/2010), é importante observar a proximidade entre a proibição do objeto Mãe e o advento da falta enquanto constitutiva do sujeito, a Coisa (*das Ding*). Desnaturalizar o incesto, neste sentido, sugere um caráter negativo para além das proposições universais e de verdades autoevidentes, o que permite pensar a própria lei moral não apenas em sua face afirmativa, mas também pelo que busca sobrepujar. Neste sentido, a ideia de uma lei moral referida ao Supremo Bem serviria como um baluarte para a Coisa, um sentido para o não sentido. Mas no que consiste a rejeição dessa noção de Bem Supremo?

Em busca de uma saída para este impasse, Lacan afirma que, embora a ética aristotélica esteja superada no que diz respeito às discussões empreendidas no seminário 7, ela se torna necessária para analisar o destino histórico a partir da ética em Platão. Em Ética a Nicômaco, Aristóteles mantém a noção de Bem Supremo, muito embora a altere profundamente ao considerar a contemplação dos astros — esfera mais exterior do mundo — como um "existente absoluto, incriado, incorruptível" (LACAN, 1960-1961/2010, p. 14).

Esta problemática ainda revela outra no que diz respeito à reflexão ética, pois esta parece ainda se confundir com a noção de *fazer o Bem*. Para Lacan (1960-1961/2010) inúmeros problemas podem advir daí — a "falácia das satisfações ditas morais" — quando se retorna a Freud (1972, v. 21) em *O mal-estar na civilização*. A problemática residiria no fato de que tais satisfações dissimulariam uma agressividade e um gozo de quem pratica o pensamento ético a partir do Bem. Então, como poderia ser possível viabilizar de fato o desejo se seu ato encontraria antes um problema do que uma atitude honesta? Lacan (1960-1961/2010, p. 16) afirma:

> É no seio daquilo que alguns de vocês batizaram de entre-
> -duas-mortes – termo muito exato para designar o campo
> onde se articula como tal tudo o que acontece no universo
> traçado por Sófocles [...] que se situa este fenômeno da tra-
> dição ética, na reflexão sobre os motivos e as motivações do
> Bem. Este ponto de referência, designei-o adequadamente
> como sendo o da beleza, na medida em que esta adorna, ou
> melhor, tem por função constituir uma última barreira antes
> do acesso à coisa última, à coisa mortal, nesse ponto em que
> a meditação freudiana veio fazer sua última admissão sob o
> termo pulsão de morte.

De fato, o desejo constitui ponto fundamental tanto do lado do paciente quanto do psicanalista. No que se refere a este último, posto que se analise a questão transferencial, em nenhuma hipótese se está afirmando a existência de seus próprios desejos. O que está em jogo é o desejo relacionado à função de analista em sua dessubjetivação. Nesse sentido, fazer o Bem diante das demandas de uma análise, responder às demandas em análise enquanto sujeito, oferecendo algum objeto que supostamente obture a falta constitutiva, é justamente o descarrilamento do processo — pois a psicanálise, em sua ética, não tira de cena o objeto enquanto causa do desejo (não nega a demanda de amor, pois negar também é responder), mas: reafirma o caráter parcial, insuficiente e falho do objeto pela completude ilusória resultante do "de dois fazer um"; e permite, com isso, que algo possa ser feito a partir desse *nada*.

Em psicanálise (JORGE, 2008), desejo, amor e gozo configuram as três faces das manifestações da sexualidade no sujeito. No que tange ao interesse da presente pesquisa, deve-se observar que a vida do sujeito neurótico, o amor reside especialmente no campo do imaginário. O desejo, por sua vez, é tão velado ao sujeito que este adquire caráter irrepresentável, a não ser pela fantasia. A fantasia do neurótico, afirma Jorge (2008, p. 245), "é uma fantasia de completude amorosa, o neurótico almeja resgatar a completude supostamente perdida através do amor".

A transferência possui *Eros* como finalidade, o que se diferencia bastante da noção de Bem como referência moderna à moral. O poder de *Eros*, em Sócrates e Freud, diz respeito à união. Mas há um problema a ser considerado se os sentidos dessa união se aproximarem da noção de intersubjetividade. Lacan (1960-1961/2010) faz alusão à postura de ausculta médica no exame clínico para diferenciar do que ele considera a escuta do psicanalista no que diz respeito ao estado do corpo: ela se dá a nível significante. É nesse sentido que ele afirma:

> Se alguma coisa na interrogação apaixonada que anima o ponto de partida do processo dialético tem efetivamente relação com o corpo, deve-se realmente dizer que na análise esta relação é acentuada por traços cujo valor de destaque ganha peso devido a sua incidência particularmente negativa. (LACAN, 1960-1961/2010, p. 21).

A psicanálise exige um alto grau de sublimação libidinal, conforme afirma Lacan (1960-1961/2010), pois a cena imaginariamente reservada — em que figura o divã como leito de amor, ou, em nosso caso, o leito como lugar *d'amorte* — somente guarda tal suposição no impossível do porvir. Dizendo de outra maneira, trata-se de uma falsa situação em que o encontro do sujeito se dá, paradoxalmente, não com um outro, mas com a sua própria falta — e o que lhe falta? O sujeito fala sobre isso *Amando*, com a letra "A" maiúscula justamente para indicar a presença do Outro nos enunciados do amor.

3.11 Retorno a Platão a partir de Lacan

Lacan (1960-1961/2010) chama atenção para o *banquete* ser descrito como uma cerimônia importante, repleta de regras e costumes, e que não teria ocorrido apenas para dar lugar ao discurso de Platão. Entre as regras, dever-se-ia, por exemplo, evitar a embriaguez para preservar o caráter sério do encontro que estaria por vir. Neste cenário, Lacan (1960-1961/2010, p. 35) afirma:

> Não podemos deixar de ver sobre que fundo de insurreição, de
> subversão das leis da cidade, surge um personagem como o de
> Alcibíades – um fundo de ruptura, de desprezo pelas formas,
> pelas tradições, pelas leis, e sem dúvida pela própria religião.

Lacan (1960-1961/2010) chama atenção ainda para características sedutoras em Alcibíades, com prematura beleza que se estende até a mais avançada idade, suplementada por grande inteligência, altivez e audácia. Tal ênfase de Lacan diz respeito ao modo como lê *O Banquete*: como uma forma de relato de análise em que Sócrates ocuparia o lugar de analista. De acordo com Roudinesco e Plon (1998), Sócrates realiza uma intervenção analítica quando permite que Alcibíades endereçe seu desejo a Agatão e não a ele próprio, pois para tanto teria notado que o amor transferencial é também amor, mas direcionado inconscientemente a um reflexo do objeto — este que, aliás, sempre escapole, é sempre outro.

Lacan (1960-1961/2010) chama atenção para a maneira como os diálogos são apresentados, pois se trata de um relato que somente chega ao papel por meio, primeiramente, de um trabalho de memória narrado por Apolodoro. Como afirma Lacan (1960-1961/2010, p. 33) em seu seminário:

> Supõe-se que ele tenha vivido numa época que, com referência
> ao lançamento do *Banquete*, data de pouco mais de trinta anos
> antes, se adotarmos a data de 370, aproximadamente, para a
> publicação do texto. Portanto, é antes da morte de Sócrates
> que se dá o que Platão nos diz ser o momento em que é
> recolhido por Apolodoro o relato daquilo que se passou. E
> este, supostamente, o teria recebido de Aristodemo, dezesseis
> anos depois do pretenso simpósio, ao qual este último teria
> assistido, já que temos razões para saber que foi em 416 que
> ele teria ocorrido.

Justamente nesse ponto é importante marcar a importância de dada construção, pois não se trata aqui de apontar para uma suposta fraqueza nos diálogos — por sua possibilidade de falha apontada pelo próprio Aristodemo —, mas de ressaltar a aproximação metafórica de tal tradição oral da época com o relato de um caso clínico, como descrito anteriormente. Ainda que se tenha desconfiança desse testemunho, nas palavras de Lacan (1960-1961/2010, p. 42) "[s]e é mentira, é uma bela mentira — e como é, por outro lado, manifestamente uma obra de amor [...] afinal, só os mentirosos podem responder dignamente ao amor" dada a indefinição do objeto de desejo para o sujeito.

FAZ-SE TUDO POR AMOR, INCLUSIVE MORRER: O IDEAL DE AMOR ROMÂNTICO E A EXPOSIÇÃO

O termo *mentira* — importante que se trabalhe isso — tem aqui uma conotação diversa do emprego usual, pois é uma das formas de se remeter ao que Lacan (1960-1961/2010, p. 49) diz mais adiante em seu seminário e que se tornará um de seus aforismas mais conhecidos: "o amor é dar o que não se tem". Nessa formulação, é interessante notar que o que se entrega no amor é a própria falta do sujeito desejante a um objeto desejado. Além disso, o objeto amado, nessa formulação, é quem teria algo a oferecer e não o amante. Por outro lado, como afirma Lacan (1960-1961/2010, p. 50): "[a] questão é de saber se aquilo que ele possui tem relação, diria mesmo uma relação qualquer, com aquilo que ao outro, o sujeito do desejo, falta".

O trabalho do psicanalista, em sua função de objeto *a*, causa do desejo, opera no ponto mesmo em que a *miragem do dois fazer um* se evidencia falha, efeito da travessia da fantasia. Esse "cair na real", segundo Maurano (2006, p. 44-45), consiste justamente no caráter trágico da psicanálise:

> Para isso, é imprescindível que o analista esteja prevenido quanto a esta ilusão de plenitude. Isso não faz dele um desiludido, muito menos um pessimista, mas sim um trágico, no sentido artístico do termo, que indica a possibilidade de transfiguração do horror, de modo que este possa ser acolhido, não sem riscos, mas com o menor dano possível, já que volatizado em seu peso.

Lacan (1972-1973/2008c, p. 45) afirma: "o amor visa ao ser, isto é, aquilo que, na linguagem, mais escapa — o ser que, por um pouco mais, ia ser, ou, o ser que, justamente por ser, fez surpresa". Nesse ponto, Lacan (1972-1973/2008c) faz referência à obra de Richard de Saint-Victor sobre a trindade divina para analisar o amor definido como *do ser*, comparando com características fundamentais do significante — sua articulação pelo duplo sentido no simbólico, sua função enquanto letra, enquanto impossibilidade de inscrição de um significante da diferença sexual — para enfim chegar à problemática do Um presente no amor — portanto, não iremos nos aprofundar em cada um dos termos que a problemática evoca, mas traçar um caminho de encontro a esta problematização do amor. Do enunciado de Saint-Victor acerca do *ser*, Lacan (1972-1973/2008c, p. 109) afirma:

> Ou seja, a enunciação de que há o ser que, eterno, o é por si mesmo; de que há o ser que, eterno, não o é por si mesmo; de que há o ser que, eterno...que, não eterno, não tem esse ser frágil, de certa forma precário, ou mesmo inexistente, não o tem por si mesmo. Mas que para, no que parece se impor pelo

> fato das definições lógicas, se todavia a negação bastasse nessa ordem, com uma função unívoca, para assegurar a existência, que para nisso: que o que não é eterno não poderia em caso algum... pois das quatro subdivisões que se produzem dessa alternância da afirmação e da negação do eterno e do 'por si mesmo'... haverá, diz ele, um ser que, não eterno, possa ser por si mesmo? E, certamente, isso parece, ao Richard de Saint-Victor em questão, que deve ser descartado.

No entanto, Lacan (1972-1973/2008c, p. 109) encontra justamente na hipótese descartada de Saint-Victor — *um ser que, não eterno, possa ser por si mesmo* — a afirmação de que não há um significante que seja eterno contingentemente (num deslizamento em sua cadeia), e, no entanto, o significante, individualmente, pode ser *por si mesmo*.

Depreende-se disso, que "esse significante, que é por si mesmo, tem efeitos" — como afirma Lacan (1972-1973/2008c, p. 110) —, pois o ato de criação carrega consigo justamente uma articulação significante. Dos desenvolvimentos no campo da astronomia, pode-se citar o exemplo do significante *centro*, nos estudos sobre o universo, para contornarmos mais uma vez esta proposição lacaniana. Pois, se ao longo da história alguns significantes se revelaram não eternos (a terra como centro do universo, o sol...), o significante *centro* pode continuar existindo.

Nesse sentido, Ferreira (2005, p. 13) afirma que o desejo tem sua gênese justamente no intervalo entre o *nada* e o *ser*, pois ser e desejo somente podem ser concebidos a partir da privação nomeada como falta-a-ser e da falta do objeto de desejo. Aqui, vale uma consideração fundamental à nossa discussão: "[o] ser humano inventou o amor, o mito e as religiões para pensar o mundo e sua inserção nele, em uma tentativa de suturar a falha que faz parte de sua estrutura".

4

HISTÓRIAS RECONTADAS: REPRESENTAÇÕES DO HIV/AIDS, HUJBB E O TERCEIRO LESTE

O *Hospital Sanatório* iniciou a ser construído em 1938 e foi inaugurado apenas em 6 de janeiro de 1957, quando a população belenense sofria com cerca de 800 óbitos por ano ocasionados por tuberculose. No mesmo terreno funcionavam outros dois hospitais para tratamento dessa doença (Hospital Domingos Freire, com 51 leitos, e Hospital São Sebastião, com 88 leitos, ambos sempre lotados) (ASCOM, [2014]).

Por mais de dez anos, estes três hospitais enfrentaram condições precárias diante do contingente populacional que demandava cuidados para tuberculose. Em razão destas dificuldades históricas, mesmo sendo hoje um Hospital de referência amplamente reconfigurado a partir do SUS, ainda carrega a difícil representação de ser um lugar para morrer.

Retornando à sua história, com a portaria n.º 249/BSB de 12 de julho de 1976, assinada pelo ministro da Saúde, o Sanatório Barros Barreto passou a se chamar Hospital Barros Barreto. Sete anos mais tarde, com a nova portaria nº 337 de 1º de novembro de 1983, o então ministro da Saúde Waldyr Arcoverde altera a denominação para Hospital João de Barros Barreto. Finalmente, em 1990, em função do Termo de Cessão de Uso firmado com a UFPA, passou a ser denominado de Hospital Universitário João de Barros Barreto (ASCOM, [2014]).

Não é em demasia que se afirma o importante papel do HUJBB no diagnóstico, tratamento e controle de doenças infecciosas e parasitárias no estado do Pará. Por outro lado, ao longo do tempo o modelo hospitalocêntrico — ainda bastante presente na cultura brasileira quando o tema é Saúde, a despeito das profundas transformações criadas a partir do SUS — favoreceu associações entre o hospital e o imaginário cultural acerca do tema morte.

Durante o desenvolvimento deste trabalho, diversas características da região (poucos Centros de Testagem e Aconselhamento (CTA) distribuídos pelo interior do estado do Pará, a escassez de programas de programas de prevenção destinados a regiões mais afastadas da capital, o pequeno número de leitos neste local e que são destinados a todo o estado) faziam com que a taxa de mortalidade neste espaço fosse sensível, pois muitos pacientes descobriam tardiamente sobre sua síndrome adquirida.

Grande parte de nossos atendimentos ocorria no terceiro andar e na ala leste do prédio, uma vez que eram ali dispostas as enfermarias para cuidado de pessoas vivendo com Aids. Este modo de disposição foi revisitado posteriormente, pois todo contexto — barreiras geográficas, vulnerabilidades sociais e programáticas, carências de centro de testagem, entre outros — parecia ser afetado por um imaginário que ligava fortemente o *terceiro leste* a um *lugar para morrer*. Para nos aproximarmos um pouco mais dessa visão geral, formulamos uma possível história do descobrimento e das transformações relativas à compreensão do HIV/Aids.

4.1 Problematizando a escuta de base psicanalítica nesse *setting*

No que tange à atenção ao paciente internado, a escuta é geralmente realizada em enfermarias e ambulatórios. No caso da presente pesquisa, os atendimentos foram efetuados em enfermarias do Hospital Universitário João de Barros Barreto (HUJBB), instituição da Universidade Federal do Pará, voltado para assistência à população de baixa renda por meio do SUS.

A escuta na instituição hospitalar deve ser problematizada em razão de uma série de características: um curto tempo de permanência vinculado ao período de internação; o ambiente público, embora reservado, de uma enfermaria; a não garantia de privacidade, entre outros. A esta problemática hospitalar, soma-se o diagnóstico tortuoso do HIV/Aids, no qual:

> Não apenas o número de mortos e feridos mundialmente é muito expressivo [...] como também a aids — as representações e afetos a ela associados — tem o poder de afetar não apenas os corpos, mas também as mentes, os prazeres, os gestos amorosos, os laços familiares, as relações entre diversos sexos (MOREIRA, 2012, p. 10).

Esse cenário mundial descrito, com dados de cerca de nove anos atrás, ainda se revela atual não somente em seu aspecto quantitativo, mas nas representações acerca da doença e de si mesmo que podem ser escutadas dos pacientes internados. Nesse sentido, o que está em jogo parece ser em sua grande parte o enfrentamento de forças mortíferas, que envolvem o desejo de viver e o desejo de morrer.

FAZ-SE TUDO POR AMOR, INCLUSIVE MORRER: O IDEAL DE AMOR ROMÂNTICO E A EXPOSIÇÃO

Problematizar a escuta é, portanto, fundamental. Façamos este movimento a partir de dois pontos centrais analisados por Moreira (2002). O primeiro ponto diz respeito precisamente ao texto *Recomendações aos médicos que exercem a psicanálise* em que Freud (1972, v. 12, p. 157) afirma:

> Na prática, é verdade, nada se pode dizer contra um psicoterapeuta que combine uma certa quantidade de análise com alguma influência sugestiva, a fim de chegar a um resultado perceptível em tempo mais curto – tal como é necessário, por exemplo, nas instituições. Mas é ilícito insistir em que ele próprio não se ache em dúvida quanto ao que está fazendo e saiba que seu método não é o da verdadeira psicanálise.

Esta advertência de Freud surge como fundamento norteador da prática e das questões teóricas suscitadas nela quando o que está em pauta é o atendimento do psicoterapeuta de base psicanalítica voltado a pacientes internados no hospital com o diagnóstico tardio de HIV/Aids. Para tanto, deve-se observar que no hospital onde se deu a presente pesquisa (HUJBB), grande parcela dos pacientes carrega o correlato da realidade local ao receberem um diagnóstico e um tratamento para HIV/Aids quando a doença já se encontra em estágio avançado e o risco de morte deve ser considerado. Sobre este paciente em especial, chega-se por intermédio de Moreira ao segundo ponto, que se relaciona ao risco que um paciente com HIV/Aids apresenta:

> [...] em muitos casos, a partir da comunicação ao paciente de um diagnóstico de Aids, a evolução a óbito se dá em curto espaço de tempo [...]. O limiar entre a resistência, no sentido analítico do termo, e o mal-estar e dor orgânicos como imperativos reais, colocam enormes problemas para uma escuta que se oferece em uma situação em que há ameaça real à integridade do sujeito em prazos extremamente curtos. (MOREIRA, 2002, p. 16).

Nesse sentido, o tempo cronológico seria um impedimento à instalação de um processo psicanalítico, pois costumeiramente, este se dá em um prazo longo e quase impossível de estipular, que depende dos *passos* de cada indivíduo — como analisa Freud (1913) em *Sobre o início do tratamento*.

No entanto, como afirma Moretto (2001), o fator tempo não pode ser um limite para que se estabeleça o início de um processo psicanalítico. Isso significa dizer que, esse trabalho breve pode ser comparado às próprias disposições preliminares, que é próprio da análise e pode possibilitar uma nova postura do paciente diante de suas queixas. Mais ainda, quando o paciente se dirige a um outro (analista), pode-se abrir espaço para o surgimento do sujeito do inconsciente, sua entrada em análise e início da manifestação da transferência.

É fundamental destacar, a partir de Moretto (2001), que o indivíduo que demanda a alguém que lhe escute para saber de si mesmo e de seu sintoma, o fará independentemente de alguma doença orgânica e, ainda, pode demandar tanto em uma instituição quanto em um consultório particular. O que parece consenso às leituras dispostas para entrelaçar tais questões sobre o *setting*, a necessidade, a demanda e o desejo poderia ser resumidamente organizado na seguinte afirmativa: o importante é que o indivíduo fale e que, nesse discurso sobre si, ele se dê conta de que seu *eu* é também um *outro*, *inconsciente* e *estrangeiro* a si mesmo.

4.2 Releituras clínicas

Em "Sexualidade e preconceito", Ceccarelli (2000) relaciona os ideais do Eu, que participam ativamente do processo de recalque e a criação de uma sexualidade normativa cujo desvio pode ser gerador de culpa. Isso é importante, pois a noção de sexualidade em psicanálise, por romper com o determinismo biológico e suas repercussões no papel que supostamente deveria ser exercido naturalmente por homens e mulheres, abre espaço para o sexual dos ideais — criado a partir de valores e referências identificatórias.

A releitura de Helena — nome fictício da paciente que tanto nos transmitiu sobre *ideais de eu*, tema de nossa pesquisa de mestrado (BACCHINI, 2012) — permite que notemos não apenas o medo da morte, mas também a angústia relativa à possibilidade de perda de amor. A demanda de atendimento se deu ao anunciar para a equipe de enfermagem: "*ele* não pode saber!".

Sua primeira internação, aos 34 anos de idade, se deu em razão de doenças oportunistas para o vírus do HIV/Aids, o que revelou a dura realidade de um diagnóstico tardio, bem como um árduo período de tratamento em internação. Fato que se verificava numa fragilidade de tal ordem que a impedia mesmo de falar. Helena mal se sentava em seu leito e apresentava tremores por todo corpo.

Depois de algumas tentativas de atendimento, na qual se evidenciava uma fala vazia e monossilábica, ela finalmente afirma que não iria mais para o "fusquinha da saudade" — nome dado a festas populares em Belém do Pará, na qual são tocadas apenas músicas dançantes das décadas de 1970 a 1990, emprestando a imagem do fusca como um retorno ao passado — e que deixaria de sair à noite, embora gostasse muito de dançar.

Sua mãe, que naquela ocasião se encontrava próxima ao leito, afirmara que ambas passariam a morar juntas, pois Helena retornaria à sua casa e sairia somente para *"ir à igreja"*. Segundo Helena, *"o problema era a noite, a bebida e a farra"*. No atendimento seguinte e a sós com ela, esta disse: *"tu sabes,* não é? Eu tenho *aids"*. Tal afirmativa foi seguida por um discurso de culpa, pois ela acreditava ter sido contaminada num relacionamento extraconjugal e, por conseguinte, ter contaminado o marido.

Em outro fragmento de caso clínico amplamente discutido em nosso grupo de pesquisa, do qual faço parte há nove anos — Laboratório de Psicanálise e Psicopatologia Fundamental (LPPF/UFPA) coordenado pela Profa. Dra. Ana Cleide Guedes Moreira em Belém do Pará —, temos o seguinte relato: *"eu* não pedia camisinha, pois podia ser confundida com uma prostituta". É assim que Dinah nos é apresentada por Arina Lebrego (2008) em sua dissertação de mestrado que também trata da vulnerabilidade de mulheres frente à síndrome da Aids.

Dinah, 40 anos, aparentava ser mais jovem que sua idade, apesar de um câncer já disseminado pelo corpo. Ela relata à terapeuta, inicialmente, de dificuldades para respirar, dormir, locomover-se e, ainda, de dores abdominais. Assim, Lebrego (2008, p. 20-21) descreve a fala de sua paciente:

> Quando indagada sobre por que associava o não manter relações sexuais com a contaminação, Dinah rememora como contraiu o vírus: "Depois que me separei fui morar em outro estado, lá tive um ficante e me contaminei".
>
> Ele (parceiro que a contaminou) parecia um homem sério e honesto, trabalhador, nunca pensei que ele poderia ter Aids, nunca pensei que poderia pegar Aids [...] Eu tive tão poucos parceiros depois que me separei! Eu não pensava como algumas mulheres de hoje que tem que ter na bolsa a camisinha, pois não fui criada assim. Eu achava que se eu puxasse uma camisinha o homem ia pensar que eu não era uma mulher de bem, que ele ia pensar que eu era dessas que ia com qualquer um, então não pedia, eu não pensava em pegar essa doença, essa não, essa mata, quem quer morrer né?

Continua Dinah num outro atendimento (LEBREGO, 2008, p. 22):

> Uma mulher de bem não se entrega para qualquer um, ela escolhe a dedo com quem se envolve. Eu pensei que escolhia

> também, mas quem vê cara não vê coração. Como eu poderia imaginar que ele (o parceiro que lhe transmitiu o vírus) tinha Aids. Ele parecia ser sério e responsável. E eu também nunca me imaginei pedindo a camisinha, no meu tempo nem tinha isso, se eu pedisse camisinha podia parecer uma mulher de vida fácil, podia ser confundida com prostituta, sei lá! No meu tempo a mulher se casava virgem, e só tinha aquele homem, hoje tudo mudou; a gente que precisa se acostumar com o que tem de novo.

É essencial realizar maiores aproximações entre o aumento do número de mulheres ao contágio da Aids e o romantismo amoroso como ideal. Aqui, pode-se verificar o romantismo amoroso como uma instituição que reedita práticas construídas ao longo dos tempos e dos costumes. Para tanto, pensemos brevemente a postura vulnerável adotada por Helena e Dinah e a *pedagogia* rousseauriana acerca do amor romântico.

No livro V — intitulado *Sofia ou a mulher* — de *Emílio ou da educação*, Rousseau (1995) se dedica ao encontro de uma mulher para o personagem Emílio. Assim como em sua visão, ele é homem, logo deverá encontrar uma mulher com "o que convém em seu sexo para ocupar seu lugar na ordem física e moral". Inicia-se uma comparação entre o sexo do homem e da mulher, bem como suas devidas conformidades. O tema fundamental aqui presente é a hipótese de que as semelhanças e diferenças entre os sexos devem influir na moral. Nas palavras de Rousseau:

> [...] um deve ser ativo e forte, o outro deve ser passivo e fraco: é necessário que um queira e possa, basta que o outro resista pouco. Estabelecido este princípio, segue-se que a mulher é feita especialmente para agradar ao homem. Se o homem deve agradar-lhe por sua vez, é necessidade menos direta. (ROUSSEAU, 1995, p. 424).

Há que se questionar o que ainda é preservado nos dias atuais de toda essa *educação romântica*, pois se tem como hipótese a noção de que o amor/paixão se apresenta como um fator sensível na constituição subjetiva dessas mulheres, que investem grande energia na tentativa de obedecer a tais ditames ideais. Nessa via de compreensão, é fundamental lermos Jurandir Freire Costa (1999) — em *Sem fraude nem favor* — especialmente quando este trata de uma das afirmativas fundamentais ao credo amoroso dominante: o amor é a condição *sine qua non* da máxima felicidade a que podemos aspirar.

FAZ-SE TUDO POR AMOR, INCLUSIVE MORRER: O IDEAL DE AMOR ROMÂNTICO E A EXPOSIÇÃO

Nesse ponto, é interessante retomar outro caso clínico discutido — que se encontra na íntegra em Flexa (2013), na dissertação intitulada "A sexualidade de mulheres vivendo com aids: contribuições da psicanálise" — que nos guia por contiguidade à problemática do amor romântico como ideal. Devido às dificuldades orgânicas presentes no quadro clínico, sua mãe a acompanhava durante o início do tratamento, o que resultou em relatos que coadunam com a hipótese de Costa (1999) e que acabamos de comentar. Vejamos:

> A mãe esperando encontrar em mim alguém que "desse juízo à sua filha", queixando-se do comportamento rebelde, independente da filha, que gostava muito de sair e temia que as "companhias da filha" a levassem a voltar a beber e parar o tratamento. Mostrava-se preocupada ainda com os recorrentes esquecimentos da filha com sua medicação, temendo que voltasse a adoecer. Outro motivo que preocupava a mãe, era sobre o ex-companheiro de Larissa, que ainda não sabia de seu diagnóstico de HIV, e temia a reação deste se viesse sabê-lo, por considerá-lo agressivo e perigoso. Era usuário de drogas e envolvido em roubos, conforme relatou (FLEXA, 2013, p. 37).

É interessante notar a recorrência deste movimento de cuidado exacerbado da família para com as mulheres aqui presentes em fala e texto. Notadamente, há que se levar em consideração todo imaginário referente à Aids como sentença de morte, pois este ainda se faz bastante presente. Por outro lado, há que se levar em consideração o repetido discurso tradicional da família dessas mulheres infectadas, pois parece que o discurso recai exatamente como um contraponto a todo movimento histórico das mulheres. Isso ocorre como se, em família, a história da liberação do desejo sexual no corpo erótico da mulher desse um passo atrás, retornando às antigas tradições. Dizendo de outra maneira, às mulheres infectadas pela Aids, resta a vida privada, domiciliar e familiar: de volta à inibição.

No último ponto discutido por Costa (1999) — imaginário de um ideal de felicidade pessoal —, reside um foco fundamental, pois inicialmente fazia parte de uma cultura na qual se buscava a igualdade entre sexos desiguais e o zelo pela família como núcleo da sociedade, diferentemente do mundo contemporâneo, onde esse ideal de amor perde sua transcendência em meio a uma sociedade regida pela dieta dos prazeres e do consumo. Aqui, a emoção perene tomou conta do que antes servia aos laços culturais mais vastos.

Na literatura psicanalítica, muito se discute acerca dos enlaces em que o amor figura como amálgama do discurso que viabiliza o laço social. Dito de outro modo, toma-se o amor como invenção necessária diante da condição humana de desamparo. Mas o que resta ao sujeito face a uma contemporaneidade em que a lógica do consumo é enaltecida em detrimento de enredos que possibilitariam sentidos múltiplos de existência?

Quando o tema do amor se apresenta atravessado por discursos da chamada "sociedade de consumo" (BAUMAN, 1999, 2003, 2010), há que se pensar de modo ainda mais conciso para que não se reproduza às cegas um discurso que insiste em alocar o amor unicamente no conjunto de uma relação objetal esvaziada de sentido.

Deve-se afirmar de antemão que não se trata aqui de uma saudosa defesa do amor em sua face arcaica e aprisionante, mas de apontar uma profunda diferença entre este significante incutido nas representações sociais como algo corriqueiro e secundário na vida dos indivíduos (manifestação cultural, portanto) e o que é transposto em fala. Nesta diferenciação, observa-se que, se por um lado o amor tem sido utilizado como objeto a ser consumido de maneira quase adicta aos sobreviventes no livre mercado, por outro, os sujeitos falantes em análise, ávidos em lidar com seu desejo nos rearranjos intrincados como Outro, insistem num apelo "romântico" que poderia ser condensado na seguinte sentença: "eu preciso amar e ser amado". Nas palavras de Vilhena (1988, p. 36): "não é porque uma situação psico-social se torna mais comumente admitida que ela elimina a possibilidade de um conflito psíquico". Assim, não é em demasia que se marca o posicionamento epistemológico psicanalítico a partir de um racionalismo que reconhece os limites da razão e de um romantismo que marca o registro do que é do inconsciente não como caos, mas como revelador de uma outra ordem.

4.3 O amor que protege de tudo ao amor da dieta dos prazeres e do consumo

Maria Rita Kehl (2015) afirma que, mesmo com as mudanças relacionadas à forma de encarar os comportamentos sexuais, da passagem da repressão sexual marcante no século XIX ao mundo contemporâneo, não obtivemos grandes mudanças no que diz respeito às demandas enunciadas pelos analisantes que permeiam consideravelmente a sexualidade — mas agora, numa posição cultural um tanto diversa.

Temos posições diversas quanto aos lurares da repressão e do recalque, pois, mudando-se as normas culturais, temos *novidades* também no campo dos ideais, das identificações e das exigências superegoicas. Kehl (2015) afirma que, a partir de sua clínica, temos uma posição imaginária em que homens têm se revelado frígidos diante de uma posição feminina que demonstra seu desejo. Estas, por sua vez, apresentam-se insatisfeitas numa relação em que o homem — numa posição bem mais frágil em comparação ao século XIX — já não suporta a riqueza das possibilidades identificatórias femininas. Nas palavras da autora:

> No caso das pequenas diferenças entre homens e mulheres, parecem ser os homens os mais afetados pela recente interpenetração de territórios – e não só porque isso implica possíveis perdas de poder, como argumentaria um feminismo mais belicoso, e sim porque coloca a própria identidade masculina em questão. Sabemos que a mulher encara a conquista de atributos "masculinos" como direito seu, reapropriação de algo que de fato lhe pertence e há muito lhe foi tomado. Por outro lado, a uma mulher é impossível se roubar a feminilidade: se a feminilidade é máscara sobre um vazio, todo atributo fálico virá sempre incrementar essa função. Já para o homem toda feminização é sentida como perda – ou como antiga ameaça que afinal se cumpre. Ao homem, interessa manter a mulher à distância, tentando garantir que este "a mais" inscrito em seu corpo lhe confira de fato alguma imunidade. (KEHL, 2015, p. 3).

Nesse ponto, é interessante pensar na problemática envolvida num suposto encontro em que o outro parece figurar como seu duplo. O narcisismo das pequenas diferenças, revelador de um conflito inerente ao encontro com os iguais como tentativa de devesa da própria identidade, parece apontar aqui para seu famoso trabalho intitulado *O estranho* (FREUD, 1919), especialmente no que tange ao *duplo* como causador de desconforto justamente pela grande semelhança que comporta — e que remete justamente ao complexo de castração. Nesse sentido, seria possível haver um encontro de iguais? Ao menos no que diz respeito ao — já não tão em voga? — ideal de amor romântico, o sentido do *dois fazer um* presente desde o mito de Aristófanes presente n'*O Banquete* de Platão (1983), parte justamente do dois — do encontro entre outros — que se uniriam em torno da falta que cada um possui — do *um*.

Dessa ilusão do fazer um a partir do encontro amoroso, tem-se no diagnóstico da Aids mais um exemplo recorrente: a entrega ao parceiro, por confiar e, sobretudo, amar. Larissa, a mesma paciente supracitada, infectou-se com HIV com um rapaz que conheceu em uma festa, e ao qual se aproximou gradativamente ao longo dos quase 4 anos de relacionamento. No entanto, como ela afirmara (FLEXA, 2013, p. 38-39):

> O companheiro de Larissa, desde a primeira relação sexual não quis usar preservativo, no que permaneceram sem usar durante os anos de relacionamento. Sobre a utilização do preservativo Larissa diz: "mas depois que você passa a ter confiança. Esse foi um erro e foi aquela pessoa que me passou...aquela pessoa que eu passei a confiança e eu não tive a confiança dele". Larissa descreve o parceiro: "Era uma pessoa muito boa, fazia tudo que eu quisesse, conversava muito, me dava carinho, me dava atenção, me ajudava no que ele podia... mas infelizmente... fez essa maldade comigo".

No que diz respeito ao tema do amor na teoria psicanalítica, em Kristeva (1988) há que se considerar em um primeiro momento o vazio constitutivo do psiquismo humano, pois este está relacionado tanto às psicoses e neuroses na clínica quanto à descoberta, por Freud, dos mecanismos de condensação e deslocamento relativos às constituições dos sintomas. Nesse sentido, é fundamental retomar a hipótese freudiana da condensação como mecanismo histérico por excelência, em que um dos destinos do conflito pulsional revela no corpo um lócus possível de expressão. Um exemplo da clínica pode elucidar tal posicionamento quando uma paciente afirma: "eu acabei de vir da igreja, por que estou me sentindo pesada e com dor de cabeça". E na mesma sessão, ao associar a carência de cuidado — que tanto presta ao outro como busca de retorno a si mesmo —, chega a dizer: "acho que é isso! Sinto falta do apoio que meu pai me dava... ele morreu há tanto tempo e eu não sabia que ainda não havia superado essa perda".

Nessa fala é notória a presença de um mecanismo de repetição em que a escolha amorosa por apoio figura como central na dinâmica psíquica. A partir de Lacan, analisam-se aí os mecanismos de significância (processos de formação e de deformação do sentido e do sujeito) presentes no sujeito como tal, destacando-se tal característica não somente aos ditos normal e patológico, mas a toda sintomatologia psicanalítica. Assim, afirma Kristeva (1988, p. 45):

> [...] este *vazio* intrínseco aos primórdios da função simbólica é o que aparece como primeira separação entre o que não é

> ainda um Ego e o que não é ainda o *objeto*. Seria o narcisismo uma defesa contra esse vazio? Mas defesa contra quê? — Uma proteção do vazio (do arbitrário, da hiância) graças à intervenção de um aparo efetivamente narcísico, para que o vazio se mantenha, sem o que se instalaria o caos, o esfumaçamento das fronteiras.

Nesta via argumentativa, pode-se afirmar que dos movimentos de alienação e separação, constitutivos do sujeito, este último jamais se dá de forma plena, uma vez que na cena da realidade se faz necessário que "o sujeito possa encontrar legitimidade nos substitutos identificatórios e obter um prazer mínimo para que esses continuem sendo investidos" (VILHENA, 1988, p. 39). O tempo é figura central quando se fala em separação, pois a ideia própria de continuidade se perde. O amor "para sempre" encontra sua parada abrupta e pela via do discurso nostálgico passa a ser revivido como uma feliz dependência bem como da sensação de um desamparo irreparável.

Também aqui é possível relembrar um caso clínico em que um paciente, em trabalho de luto por perda recente de um amor, sentia sua vida parar e precisava "dar um jeito" para voltar aos seus projetos pessoais — mesmo porque grande parte de seu sofrimento fazia referência ao fato de que sua amada "já estava em outra". Nesse ponto, é notória a referência ao tipo de amor-paixão idealizado e referido ao eu-ideal, pois sua elaboração parecia constituir um percurso de retorno da energia libidinal para o eu, e que anteriormente se encontrava demasiadamente voltada para o objeto. Tal caminho revela uma árdua tarefa, pois como afirma Vilhena (1988, p. 39):

> A separação traz consigo o desejo (consciente ou inconsciente) de morte, e quanto maior for a sobrevivência do outro tanto maior a possibilidade de se frustrar o desejo contra ele, e que por identificação na prática, resulta contra ambos. [...] O parceiro pode desejar ao outro o que há de melhor, mas sofre uma grande ferida quando da certeza que o outro encontra satisfações em situações não relacionadas com ele.

Nesse sentido, nota-se não apenas uma ferida no próprio eu, mas um golpe contra o próprio ideal amoroso que o outro representava ao sujeito. Tarefa penosa para este que vive na pele um sentimento de descontinuidade, portanto, de ruptura da ilusão de uma totalidade referida ao tempo e ao espaço. No entanto, parece que algo pode ser somado a este difícil momento vivido como estanque, quando o insuportável desenlace encontra aporte em conteúdos representacionais imaginários de uma cultura em excessiva exposição, e além disso, no qual a costumeira expressão "tempo é dinheiro" parece não deixar espaço algum para possibilidades de elaboração do que fora perdido.

Uma das possíveis manifestações culturais destes conflitos pode se encontrar expresso em sentenças demasiadamente polarizadas entre uma suposta liberdade e uma utópica fusão amorosa. De fato, tais frustrações se encontram perdidas num espaço imaginário que salta entre "a fila" que "anda" e um amor que enaltece o objeto em detrimento do eu — este último expresso tanto na vida amorosa quanto na assunção recorrente e fugidia dos "ídolos", como destaca Bauman (2003). Estas últimas manifestações, há que se ressaltar, aparecem veladas em tempos de desenraizamento cultural e em que o ideal de liberdade resulta num movimento de massa para a individualidade. Afinal, existiria insucesso maior do que se declarar enlutado de amor numa cultura que valoriza sobremaneira o individualismo e o caráter fluido das relações objetais? Talvez esteja "fora de moda" o aprendizado fantasístico da brincadeira de *fort-da* num tempo em que os *gadgets* caracterizam a face pragmática da vida cotidiana.

Problematizemos, portanto, tais modos de enlace. *Conversar* vem do latim — *lat. conversor, áris, átus sum, ári* (Houaiss, 2001) — que significa *encontrar-se habitualmente num mesmo local, frequentar, conviver*. Consiste numa troca em que seduzimos e nos deixamos seduzir pela palavra na fala. Conversa esta que foi levada quase que ao pé da letra em nosso processo evolutivo, chegando a substituir o encontro da pele pelo frequentar dessa vocal melodia que desobedece: desafinada, porém melódica; abstrata, porém real; e ruidosa, porém comunicadora. Nesse sentido, pode-se afirmar que ouvir — o outro lado dessa comunicação — é se deixar penetrar pela fala do outro.

É justamente nesse movimento que, constantemente, há que se verificar as (im)possibilidades presentes no desenrolar de nossa cultura. No que tange ao desenrolar teórico aqui proposto, compenetrar envolve escolhas... escolhas amorosas!

Realizada esta breve digressão, pode-se questionar novamente sobre o quanto estamos amparados para os fins, mas agora com a nova roupagem de encontros em que a imagem e as curtas sentenças adquirem papel central. Dito de outra maneira: quais as possibilidades de desenlace amoroso do sujeito contemporâneo numa sociedade em que a fixidez da imagem toma os lugares dialéticos do diálogo? Tal trabalho de elaboração ainda é possível quando o amor ganha o estatuto de um objeto consumível e, portanto, descartável? Para que elaborar o luto de uma perda amorosa se sua obsolescência já se encontra previamente descrita nos comprovantes de venda pelo próprio discurso das ciências tecnológicas?

As mudanças na vida coletiva incidem sobre o psiquismo dos sujeitos singulares, e essa incidência confirma que o sujeito do inconsciente sofre as mutações de um laço social agora marcado pelo esfacelamento da interação entre o singular e o coletivo. Tratando da mutação do laço social, Lebrun (2008) levanta alguns pontos em torno da crise da civilização ocidental, fundada conforme o modelo religioso e mantida sobre o fundamento teológico. É mediante essa crise de fundamento que o Ocidente abre as portas para a Modernidade, caracterizada pela invenção da ciência e a secularização.

A entrada da ciência e do mercado, como religião apontados como os pilares da secularização, redundarão na queda da organização hierárquica verticalizada para a atual horizontalidade emancipada da transcendência. O autoengendramento decorrente dessa autonomia favorecerá a singularidade, tendo como contrapartida a desarticulação do coletivo. A abolição das diferenças fruto desta horizontalidade estaria na base da deslegitimação de toda e qualquer autoridade, inclusive a paterna, esvaziada de sua função educadora. Surgiria assim a "criança generalizada" aspirando eternamente a um mundo de completude.

Ainda que o autor vá afirmar a perversão como a forma de laço do que denomina "neo sujeito", a fenomenologia de seu funcionamento pode nos ajudar a refletir acerca de certas formas de relacionamento e desenlaces amorosos na contemporaneidade.

Lebrun caracteriza o neosujeito como aquele cuja vida é insípida, que não leva em conta a dimensão da negatividade do objeto, em que a lógica da sensação prevalece sobre a do pensamento e em que o sentimento de vazio interior produz necessidade intensa de sensações, mantendo relação de imediatismo com o mundo e se agarrando à prevalência da imagem que o protege da palavra. Segundo o autor a submissão à lógica do mercado e do gozo sem limites favorece o desaparecimento do outro.

4.4 Uma invenção que protege e vulnerabiliza

Verificamos que o amor pode ser considerado uma invenção cultural que cumpre com diversos caracteres presentes no sujeito — de sua condição de desamparo, da hiância que se articula ao desejo, da formação do eu e dos ideais pela busca da onipotência perdida da primeira infância e de uma ilusão necessária e presente no laço com o outro — e na cultura — novamente articulada aos laços sociais, às constituições estruturais e estruturantes presentes nos mitos e às possibilidades, aí inerentes, quanto ao pacto civilizatório. Nesse sentido, o que há de universal no amor é justamente o seu caráter de possibilidade e não de uma suposta naturalidade.

Fator este fundamental no que diz respeito à face idealizadora presente no amor em suas manifestações contemporâneas. Em entrevista realizada entre os anos de 2010 e 2012 — relatório de pesquisa apresentado ao CNPq, intitulado *Relações de gênero, feminismos, sexualidade, vulnerabilidade e, a feminização da epidemia do hiv-aids em Belém* (MOREIRA *et al.*, 2012, p. 22) — verificamos depoimentos que confirmam esta hipótese, por exemplo: "[n]unca imaginei por que foi o primeiro homem da minha vida e com quem casei".

Quanto à irracionalidade presente no amor, temos alguns fragmentos de pesquisa — já citados anteriormente — que apontam para esta característica de total entrega, como o *cair de cabeça na piscina*, ou o *fogo do amor*. Talvez esteja justamente aí a persistência do amor, mesmo em tempos de leveza, desapego e autoengendramento. Façamos como sugere Freud (1908[1907]) ao considerar o fundamental ato de criação do poeta em nossa cultura, e citemos Leminski (1987, p. 291):

> Meu coração lá de longe/ faz sinal que vai voltar/ mas meu peito escreve em bronze/ não há vaga nem lugar/ para que serve um negócio/ que não para de bater/ até parece um relógio/ que acabou de enlouquecer/ pra que serve quem chora/ quando estou tão bem assim/ o vazio vai lá fora/ cai macio dentro de mim?

Se o amor confere ao sujeito a sensação de algo sem sentido, que não tem uma utilidade prática como um relógio, por outro lado, esse *vazio* que *cai macio* — nas palavras de Leminski — sugere o quanto o amor carrega em si a possibilidade de uma homeostase, de um sentir-se forte como afirma Freud (1972, v. 21) n'*O mal-estar*. Aí reside justamente sua característica de nada querer saber sobre a falta, como afirma Ferreira (2005), pois estamos diante de um ideal universalmente aceito, que *promete* uma bela alternativa aos males da existência, pois aponta para o grau máximo da felicidade a que se pode aspirar.

Face à cultura, Eros e Thanatos configuram características diversas, embora nem tanto, da pulsão. Freud (1972, v. 21) analisa essa complexa rela-

FAZ-SE TUDO POR AMOR, INCLUSIVE MORRER: O IDEAL DE AMOR ROMÂNTICO E A EXPOSIÇÃO

ção ao considerar os impasses e possibilidades presentes na cultura a partir do pacto civilizatório. Se a partir da renúncia pulsional, a cultura advém como *formação reativa* e possibilita a relação com o outro de maneira menos imperativa quanto aos usos e abuso primitivos, aquela não resolve por completo tal impasse. Dito de outro modo, nem toda sublimação e adiamento do prazer nos levaria a uma completa homeostase, pois a pulsão de morte pode aí agir livremente.

Partindo do estudo do trauma, Rudge (2006) chama atenção para a inexorabilidade do sofrimento humano também em sua face contemporânea, de forma a contestar alguns enunciados que pretendem dizer de uma sociedade contemporânea sem conflito, sem repressão e sem recalque. Com esta postura freudiana, retoma-se o estudo do mecanismo traumático, pois se o interesse do criador da psicanálise pelo tema estivera fortemente relacionado ao tratamento do sofrimento psíquico manifesto pelos egressos da Primeira Guerra Mundial, em nosso tempo não estamos libertos daquilo que se apresenta na ordem do incompreensível, que nos aflige cotidianamente — e que salta aos *ouvidos* quando estamos diante de um traumático diagnóstico de HIV/aids.

"Nunca acreditei que isso fosse acontecer comigo", afirmava uma paciente durante seu período de internação no hospital com diagnóstico recente para a referida síndrome. Se não estamos diante da espantosa selvageria que acometera uma das culturas consideradas das mais civilizadas, como fora o caso da Alemanha do início do século passado, participamos de um cenário também gravíssimo, pois, mesmo sendo o Brasil um país modelo no tratamento da Aids, continuamos assistindo a uma caminhada fúnebre em dados epidemiológicos alarmantes.

Em *Acaso, repetição e sexualidade*, Ceccarelli (2013) reitera nossa discussão acerca deste *não acreditar que pudesse ser comigo*, pois, se na história da descoberta e desenvolvimento de programas para tratamento da Aids foram criados os grupos de risco — homens homossexuais, usuários de drogas e mulheres profissionais do sexo, de acordo com a Organização Mundial de Saúde (OMS) —, este fenômeno parece ter corroborado para uma série fantasmática que dirige o problema unicamente a um outro: ao diverso de uma suposta norma sexual.

Se no início do século passado Freud (1972, v. 9) considerava a moral sexual e seus efeitos de supressão parcial das pulsões como fundamentais para a manutenção da civilização, vimos com Rudge (2006) alguns problemas em discursos teóricos mais recentes que consideram a contemporaneidade como marcada por uma *desrepressão*. Marcuse (1968) nos parece ainda bastante atual nesse ponto ao considerar que, numa sociedade em que o povo é considerado livre, não faz sentido falar em libertação. Nisso, a dita liberdade quanto aos comportamentos sexuais parece atuar como mais um mecanismo repressivo — e mesmo de gozo, como afirma Maciel Jr. (2012), pois uma vez livres, *devemos*!

Outra forma de escamotear a ordem instituída é discutida por Bourdieu (2005) em seu livro intitulado *A dominação masculina*, onde sustenta a ideia de um programa social que legitima uma ordem e divisão de trabalho no registro próprio do corpo em sua realidade biológica. A violência simbólica se institui pela adesão que o dominado não pode deixar de conceder ao dominante, avaliando a si mesmo e aos outros por meio de classificações naturalizadas (alto/baixo, gordo/magro etc.). A força simbólica consegue esta incorporação, nas entrelinhas dos hábitos, por encontrar suas possibilidades no imenso trabalho prévio que é necessário para operar uma transformação duradoura.

Assim, em Bourdieu discute-se uma divisão sexual de origem social a partir de uma violência simbólica grosseiramente respeitada e hereditariamente transmitida, que se mostra invisível às suas próprias vítimas ao tomarem tais construções sociais como hábito, aptidão, inclinação. Estas reproduzem padrões de conduta que parecem dispensar qualquer justificação por serem passadas pela via da cultura como naturais, como a visão de que a mulher deve ser dócil, amável, uma boa mãe e uma digna esposa. Vejamos, portanto, como tal divisão pode operar no discurso amoroso.

4.5 Do dois para o um e do um para o dois

Partindo de sua experiência clínica, Fortes (1999) analisa a temática do amor e do erotismo em seu registro de sofrimento psíquico decorrente das impossibilidades que por vezes se fazem presentes no laço social — como cantava Vinícius de Moraes sobre os encontros e desencontros presentes na arte da vida.

No registro histórico da modernidade, sabe-se que Freud (1972, v. 7) — em seus três ensaios — analisou a *atividade* não apenas como uma qualidade da pulsão, mas também para se referir à sua noção do que é masculino. Diferenciar-se-ia desta característica, portanto, a passividade no campo do feminino. Neste aspecto, Fortes (1999, p. 122) destaca uma fundamental diferenciação, pois a passividade pode ser aqui compreendida de dois modos amplamente diversos:

> A passividade como força encontra-se na possibilidade de um sujeito circunscrever-se fora do domínio do falicismo; é o feminino como inaugurador de uma ordem que não é a da rivalidade e da competição fálicas, mas a de uma força que é força de criação. Esta força é anulada quando a passividade encontra-se no registro fálico, expressando-se nesse registro como uma mortificação masoquista, onde o sujeito manifesta-se através da *anulação de si.*

Com isto, pode-se notar justamente o feminino como um registro de criação, de uma passividade que, em sua essência, é geradora. Tal posicionamento também é corroborado por Birman (2001) que entende a noção de feminilidade como um conceito em oposição ao de falo. Além disso, é interessante destacar que, enquanto o falo se encontra ligado à noção de totalidade, a feminilidade estaria relacionada à diversidade e ao relativo, dizendo respeito não unicamente às mulheres — pois desde a concepção freudiana se sabe que masculinidade e feminilidade são elementos dispostos de forma bastante peculiar em cada sujeito —, mas à relação entre o indivíduo e o outro.

Quanto à mortificação masoquista e seu resultado, a anulação de si, é interessante notar a seguinte fala: "sabe como é homem, a gente é toda certinha, mas a gente não sabe o que eles estão fazendo por aí". Notavelmente, esta afirmativa não se encontra isolada, pois inúmeras são as situações escutadas na clínica e na cultura que desqualificam as mulheres que decidem viver seu desejo no corpo erótico — tal qual o preconceito destinado às mulheres que portam preservativo consigo ou que exigem que seus parceiros utilizem deste método preventivo.

Em *Sobre a tendência universal à depreciação na esfera do amor*, Freud (1972, v. 12) analisa o que ele nomeia como *impotência psíquica* no que diz respeito à vida sexual de alguns homens. Em sua observação clínica, nota-se que estes casos se apresentam relacionados a indivíduos que, mesmo possuindo um comportamento sexual altamente libidinoso, inibem-se diante de determinadas características do objeto:

> Uma fixação incestuosa na mãe ou na irmã, que nunca foi superada, desempenha um papel importante nesse material

> patogênico e constitui o seu conteúdo mais universal. Além disso, existe a influência, a se considerar, das impressões penosas acidentais relacionadas à atividade sexual infantil, e também aqueles fatores que, de maneira geral, reduzem a libido que se deve dirigir ao objeto sexual feminino. (FREUD, 1972, v. 12, p. 186).

No caso da Aids, em que o imaginário social atribui caracteres de uma prostituta a essas mulheres — ao adquirirem o registro do desejo erótico marcado no real do corpo enfermo — a vergonha parece surgir como forte fator inibitório em sua vida sexual. Para maior aprofundamento nesse ponto, sugerimos a leitura da tese de Igor Francês (2016) intitulada "Nem culpa, nem vergonha. Afinal, do que trata a aids?".

Se uma ferida narcísica se faz presente na impossibilidade de uma mulher se colocar imaginariamente ao outro como figura de uma *virgem mãe*, no que tange ao masoquismo feminino temos mais um agravante. Fortes (1999, p. 124) afirma que tal masoquismo pode se manifestar na postura de uma: "impotência em relação a realizações em outros campos de investimento psíquico que não o campo do amor". Nesse sentido, quando os investimentos psíquicos de uma mulher se encontram voltados unicamente para o objeto amado, identificando-se, para tanto, com um papel conjugal moderno/tradicional, um diagnóstico positivo para o vírus do HIV/Aids parece se manifestar de maneira singularmente penosa.

4.6 O que nos torna tão fortes e, paradoxalmente, tão vulneráveis

Como pensar que algo que nos torna tão felizes pode também carregar, em si próprio, o infortúnio da frustração? Se buscamos o amor como alternativa para lidar com nosso desamparo, por que não o confrontamos com as inúmeras possibilidades de frustração a ele ligados? De fato, estruturalmente o amor parece não permitir aos sujeitos que se pense nisso, o que marca sua face de *ignorância*. Acerca dessa trama, a psicanálise reitera seu lugar ao tratar do amor e da sexualidade como cerne de suas questões, pois, mesmo que atualmente o tema do amor seja atravessado por inúmeras questões que o diferencia do momento histórico em que Freud desenvolve a psicanálise — como a liberação sexual, a criação da pílula anticoncepcional e o advento da Aids —, a aposta no amor como redenção ainda permanece central.

De fato, como retoma Maurano (2006), o *sujeito do desejo* é o que interessa à psicanálise, no sentido em que ele é caracterizado por sua alienação ao Outro que o acolhe ao mundo da linguagem frente ao desamparo inerente à condição humana. Para Julia Kristeva (1988), em psicanálise, a teoria narcísica e da libido, antes de ter uma denominação relacionada à morte, passa por uma primeira alteração em sua onipotência, que é: a existência de um outro para mim se revela um grande problema.

A teoria freudiana aponta para o narcisismo primário — em detrimento da posição de Eros — como sendo este o fundamento da vida psíquica, mesmo que tal reino narcísico logo esteja entregue aos domínios da realidade. Freud (2004, v. 1), como sabemos, relaciona o estado amoroso ao narcisismo devido a duas possíveis modalidades de escolha: narcísica e por apoio. Deve-se destacar de acordo com Hanns (1996, p. 219), no *Dicionário comentado do alemão de Freud*, que o termo apoio — *anlehnung* —, ou escolha de objeto do tipo anaclítica — *anlehnungstypus der objektwahl* —, possui duas maneiras centrais de entendimento: "[e]ncostar-se em", que "designa um encostar-se [...] nas pulsões de autopreservação para percorrer com estas as rotas já abertas pelas pulsões do Eu"; ou então "[a]poiar-se em modelo", "*Anlehnung* é utilizado de forma menos física, seu uso é figurativo, referindo-se a tomar um modelo por empréstimo ou a utilizar um modelo preexistente".

Kristeva (1988, p. 42), de forma bastante clara, destaca essa dupla de escolha objetal da seguinte forma: "por gratificação narcísica pessoal (neste caso, Narciso é o sujeito) e por delegação narcísica (neste caso, Narciso é o outro, para Freud – a mulher)". Desse ponto de vista, nossas escolhas objetais possuem Narciso como destino último. O Ideal do Eu entra nessa via também ao garantir a transferência do desejo para um objeto dotado de toda magnitude do bem e do belo e em consonância com os códigos parentais e sociais.

Segundo Kristeva (1988), à abrangência do conceito de narcisismo, tem-se de acréscimo o fato de ela estar longe de ser originária. Voltando a Freud (2004, v. 1), narcisismo é o termo caracterizado como originário da descrição clínica de comportamentos em que o indivíduo trata o próprio corpo como normalmente trataria algum objeto sexual. Satisfazendo-se dessa maneira, o narcisismo teria o sentido de uma perversão. No entanto, a partir da observação psicanalítica, a libido designada de narcísica, abrange um campo maior do que os das perversões, indicando, na verdade, seu papel fundamental no desenvolvimento sexual. Sobre este ponto, retomemos a análise empreendida por Freud (2004, p. 99):

> [...] qual é a relação desse narcisismo, do qual estamos tratando agora, com o auto-erotismo, que descrevemos como um estado

> inicial da libido? [...] É uma questão necessária a de que uma unidade comparável ao Eu não esteja presente no indivíduo desde o início; o Eu precisa antes ser desenvolvido. Todavia, as pulsões auto-eróticas estão presentes desde o início, e é necessário supor que algo tem de ser acrescentado ao auto--erotismo, uma nova ação psíquica, para que se constitua o narcisismo.

Há aqui um questionamento sobre a relação entre narcisismo e autoerotismo, descrito como um estado inicial da libido. Para tanto, Freud nos diz que é necessário supor que ainda não exista uma unidade comparável ao Eu. Por outro lado, as pulsões autoeróticas estão presentes desde o início, e é necessário que se acrescente uma "nova ação psíquica" ao autoerotismo — como analisa Kristeva (1988), um terceiro termo nessa relação díade, mãe-bebê — para que se constitua o narcisismo e, portanto, o Eu. Esta observação faz do narcisismo uma:

> [...] formação intra-simbólica, dependente do Terceiro, mas de uma modalidade anterior (cronologicamente e logicamente) à do Ego edipiano. Ela leva a pensar numa modalidade arcaica da função paterna, anterior ao Nome, ao Simbólico, mas também ao 'espelho' de que guardaria a potencialidade lógica: uma modalidade que se poderia chamar a do Pai Imaginário (KRISTEVA, 1988, p.75).

Esta formação anterior ao Ego edipiano faz do narcisismo um termo ampliado em sua significação, o que leva Kristeva (1988) a considerá-la uma estruturação já ternária, mas articulada de forma diferenciada ao triângulo Ego-objeto-Outro, que se constrói nos termos do Édipo.

Para Kristeva (1988), há que se considerar em um primeiro momento o vazio constitutivo do psiquismo humano, pois este está relacionado tanto às psicoses e neuroses na clínica quanto à descoberta, por Freud, dos mecanismos de condensação e deslocamento relativos às constituições dos sintomas. A partir de Lacan, analisam-se os mecanismos de significância (processos de formação e de deformação do sentido e do sujeito) presentes no sujeito como tal, destacando-se tal característica não somente aos ditos normal e patológico, mas a toda sintomatologia psicanalítica. Assim, afirma Kristeva (1988, p. 45):

> [...] este *vazio* intrínseco aos primórdios da função simbólica é o que aparece como primeira separação entre o que não é ainda um Ego e o que não é ainda o *objeto*. Seria o narcisismo

> uma defesa contra esse vazio? Mas defesa contra quê? – Uma proteção do vazio (do arbitrário, da hiância) graças à intervenção de um aparo efetivamente narcísico, para que o vazio se mantenha, sem o que se instalaria o caos, o esfumaçamento das fronteiras.

Inventamos o amor e o escolhemos como mal necessário diante do pavor infindável de lidar com nossa própria solidão. Nesse ponto, é interessante retomar a discussão empreendida por Fortes (1999), na qual a busca pelo outro que aponta para uma completude, diz respeito à tentativa de alcançar um eu pleno e sem falta: um eu ideal. No entanto, tal experiência coloca o outro num lugar tão imaginarizado que convém questionar se existiriam, de fato, dois. Se existe tal a experiência amorosa ligada a uma lógica fálica, que toma o outro como complementar ao sujeito em sua expectativa fusional, tem-se, por outro lado, o campo do feminino representando uma outra lógica: da alteridade não idealizada e do inquietante da experiência de algo para além das fronteiras tão enrijecidas no romantismo amoroso, que parece apontar para outras possibilidades de experiência amorosa.

CONSIDERAÇÕES FINAIS

O investimento numa escrita que verse sobre o amor, com a força de Eros, para pensar a narrativa presente em um hospital que é marcado historicamente em ditos e não-ditos, pela possibilidade de morte, constitui penosa tarefa. Por outro lado, é justamente nesse ponto que reside nosso maior investimento: a possibilidade de pensar que existam saídas criativas para um ideal historicamente tão vasto e complexo, e, também, imaginariamente ligado à frustração, ou infortúnio, e à morte. Se, como dissemos, faz-se tudo por amor, é justamente por amor que aqui se escreve na tentativa de configurar um esforço simbólico — múltiplo em sentidos — a isso que se encontra tão amarrado.

Enunciar amor num *lócus* marcado pelo temor diz respeito também ao imperativo do amor como laço social e como relação transferencial fundamental na clínica ambulatorial e em enfermarias de um hospital. Lembro-me vivamente dos longos espaços vazios presentes nos finais de semana sem contato com os pacientes, que por vezes guardavam o inesperado do trágico, mas que, também, portavam para possibilidades: "estou bem melhor", diziam alguns de nossos pacientes quando do nosso retorno ao trabalho na segunda-feira.

Sim, apesar das diversas dificuldades enfrentadas — como o reduzido número de leitos para uma enorme população, o diagnóstico tardio, as longas distâncias características do estado do Pará, o preconceito às pessoas vivendo com Aids, o aumento da incidência de mulheres infectadas e as dificuldades programáticas ligadas à prevenção — o medo d'*amor-te* também apontava para o desejo.

Desejo que, em psicanálise, aponta para os sonhos, para a fantasia, para a ilusão necessária diante da problemática da existência humana, para o amor e para a morte. Como se pode notar n'*A interpretação dos sonhos*, Freud (1900, p. 590-591) destina sua análise ao conceito amplamente discutido no capítulo VII, por exemplo, quando trata sobre a primeira experiência de satisfação vivida pelo bebê:

> Um componente essencial dessa vivência de satisfação é uma percepção específica (a da nutrição, em nosso exemplo) cuja imagem mnêmica fica associada, daí por diante, ao traço mnêmico da excitação produzida pela necessidade. Em decorrência do vínculo assim estabelecido, na próxima vez em que essa necessidade for despertada, surgirá de imediato uma moção psíquica que procurará recatexizar [reinvestir] a imagem mnêmica da percepção e reevocar a própria percepção, isto é, restabelecer a situação da satisfação original. Uma moção dessa espécie é o que chamamos de desejo; o reaparecimento da percepção é a realização do desejo, e o caminho mais curto para essa realização é a via que conduz diretamente da excitação produzida pelo desejo para uma completa catexia [investimento] da percepção.

O desejo em Freud é a única condição de acionamento de nosso aparelho psíquico e está relacionado ao campo da representação, da fantasia, dos pensamentos e dos ideais. Além disso, ele pode ser dividido em dois grandes grupos: eróticos e ambiciosos, que constituem o material da fantasia. Esta que, por sua vez, está relacionada ao tempo como modo de funcionamento inconsciente — regido pelo processo primário —, no qual alguma situação do presente, aproveitando os moldes do passado, constrói um quadro do futuro — os três tempos, então, unidos pela linha do desejo. Vide Freud (1972, v. 9, p. 137) em *O poeta e o fantasiar*:

> O brincar da criança é determinado por desejos: de fato, por um único desejo — que auxilia o seu desenvolvimento —, o desejo de ser grande e adulto. A criança está sempre brincando 'de adulto', imitando em seus jogos aquilo que conhece da vida dos mais velhos. Ela não tem motivos para ocultar esse desejo. Já com o adulto o caso é diferente. Por um lado, sabe que dele se espera que não continue a brincar ou a fantasiar, mas que atue no mundo real.

O brincar na criança e o fantasiar no adulto constituem, dessa maneira, mecanismos de realização de um desejo posto adiante como expectativa — como a criança buscando ser tal qual um adulto com quem se identifica, e, por que não, um adulto fantasiando se aproximar de um ideal ou ser alguém que admira —, e que configuram, no presente, uma trama que se estende desde os tempos mais longínquos da vida anímica.

Note-se que o termo *realização* fora empregado para tratar do mecanismo do desejo, o que não é por acaso. Em Hans (1996) é fundamental notar esta diferenciação pela análise dos textos freudianos, pois, enquanto o desejo

(*Wunsch*) busca uma realização, a pulsão (*Trieb*) anseia por satisfação, e isso implica em diferenciações quanto ao estatuto do objeto para cada conceito. A pulsão implica em algo situado no limiar entre o corpo e o psiquismo, portanto bem mais próxima de um sentido corporal que anseia por apaziguamento. Além de uma *fonte* corporal, ela possui como características a *meta* do total escoamento de energia, a *pressão* por tal descarga e o *objeto* que jamais a satisfaz — posto que a plena satisfação implicaria numa total ausência de energia, o que somente é possível com a finitude.

A expressão imediata da pulsão, portanto, é o prazer (*Lust*), desconsiderando a realidade ao exprimir seu anseio — o que comporta uma aproximação corpórea tão estreita que quase não possui mediação àquele objeto, adquirindo característica que pode ser comparada ao autoerotismo. Por outro lado, o objeto implicado no desejo (*Wunsch*) implica num investimento imaginado ou idealizado, o que coloca aquele numa posição distante de uma nomeação como prazer corporal. Como afirma Hans (1996, p. 144), "[o] que fica na memória são vivências de prazer, de satisfação, sua reevocação se faz pelo desejo (*Wunsch*), que visa um objeto ou uma situação associada à vivência de prazer (*Lust*), objeto este cuja presença é então alucinada".

Quanto ao que se verifica na escuta das pacientes internadas, temporalidade e desejo se articulam de maneira diversa, pois, por mais que ali o relógio da parede aparente leveza pela rapidez do período de internação, quando se trata da urgência dos cuidados, o tempo não passa. A intensidade do presente parece carregar, em suas batidas, a retórica de um corpo machucado: dói, lenta e gradualmente, a cada movimento dos ponteiros. E o que fazemos? Escutamos. Da escuta, o sujeito se fala, a partir de seu eu, com seu outro estrangeiro em si mesmo. Se não há *neurose de transferência*, existe *transferência* e a possibilidade de iniciar um percurso em que o paciente consiga se ver um pouco mais. Aí aparecem seus medos e, novamente, seus desejos.

Do desejo infantil de ser grande e adulto, verificamos surgir discursos bastante diversificados, mas que chamaram atenção ao convergirem em configurações ideais do romantismo amoroso: mulheres, como Helena, que passam a negar seu desejo erótico em razão da culpa por ter vivido o *pecado* de uma paixão externa ao laço conjugal que configuraria um *felizes para sempre*; ou que se sentem traídas por terem seguido rigorosamente uma vida erótica dedicada a um objeto amoroso que as salvaria de todos os males e que as preencheriam por completo; que pela paixão dos inícios, sentiram-se completas, porém cegas à fragilidade de seus corpos; que não conseguiram negociar o uso do preservativo com receio de uma *depreciação amorosa* ao serem, imaginariamente, referidas como prostitutas; que buscaram atingir o ideal de uma mulher casta, mas que foram traídas numa relação amorosa de décadas a fio.

De fato, diversos foram os casos discutidos por nós que foram, um por um, trazendo à tona a problemática de uma ilusão de completude e proteção, mas que terminaram por resultar numa sensível fragilidade. Nesse sentido, verificamos dois tempos de um mesmo sofrimento: de um lado, o desejo de alcançar um estágio de completude infantil, um eu ideal, a partir de elementos que configuram o ideal de amor romântico tão forte em nossa cultura; e, por outro, o peso da frustração destes mesmo ideais a partir de um registro corpóreo enfermo e fragilizado, conferindo um profundo golpe narcísico.

Do amor relacionado ao período cavalheiresco, a exemplo do romance/mito de Tristão e Isolda, verificamos com Lacan (2008b) como, apesar de figurarem como personagens fundamentais neste espectro romântico, as *Donas* se apresentavam assujeitadas à função social de representarem, unicamente, o objeto de desejo frustrado dos amantes. Se ela domina, é unicamente como elemento figurativo e não como personagem que nomeia o seu desejo — portanto, não como sujeito. Além disso, o elemento de frustração amorosa, por mais que aponte para o sofrimento de não se consumar em ato, qualifica o *um* como máxima aspiração de uma vida: daí a ilusão amorosa.

Nesse ponto, cabe uma importante articulação, com Maciel Jr. (2012), entre esta aspiração a esta felicidade *máxima* do romantismo amoroso e o excesso como imperativo de gozo presente na sociedade capitalista contemporânea. Nesta, segundo o autor, pode-se encontrar, como característica demasiadamente presente, um excesso de sensações, que: "cria no indivíduo uma mobilização compulsiva de toda a sua energia psíquica que retira de seu horizonte a possibilidade de facultar" (MACIEL JR., 2012, p. 220).

Escolher, nesse ponto — e conforme o mesmo autor —, diz respeito a um ato de pensamento que possibilite a criação, portanto, o novo. Difere-se, portanto, do ato do conhecimento que almeja determinado saber. Nesse sentido, poderíamos, de maneira aproximativa, pensar no mecanismo no mecanismo da repetição, respectivamente em suas faces de *automaton* (pensar) e *tique* (conhecer). Ora, se o trabalho da psicanálise consiste justamente na possibilidade de assunção do acaso, que aponte no sentido da criação presente em *tique*, poderíamos considerar, novamente, a escuta a estas mulheres internadas como uma ferramenta fundamental em cuidado.

FAZ-SE TUDO POR AMOR, INCLUSIVE MORRER: O IDEAL DE AMOR ROMÂNTICO E A EXPOSIÇÃO

Além disso, é justamente este o movimento criativo que se pretende ao simbolizar o imaginário referido ao amor romântico como ideal, especialmente se considerarmos seus elementos — completude, máxima felicidade e irracionalidade — como caracteres referidos aos imperativos de gozo nesta sociedade do excesso, como nomeada por Maciel Jr. (2012). Dito de outro modo, o amor romântico como ideal parece se reposicionar em nosso tempo: se temos naquele características ainda tão recorrentes, deveríamos, no entanto, realizar o exercício de pensa-lo de maneira bem mais aproximada ao campo da repetição automática — afinal, é *preciso* amar e viver como se fosse o último dia de nossas vidas?

Como canta Paulinho Moska em *O que você faria*: "[m]eu amor o que você faria? Se só te restasse um dia [...]. Corria pra um shopping center. Ou para uma academia. Pra se esquecer que não dá tempo. Pro tempo que já se perdia [...]. Entrava de roupa no mar. Trepava sem camisinha".

Como vimos no decorrer das análises precedentes, o amor tem figurado como um dos temas centrais nos conflitos entre as *inovações* da cultura e o tempo outro da economia psíquica (VILHENA, 1998). Tempos diversos em que, se de um lado figuram a fragilidade dos laços, o individualismo e o desenraizamento cultural, por outro, o sujeito — diante de tamanho desamparo — parece buscar pontos de ancoragem num imaginário universalista sobre o amor. Este que, como afirma Robert Musil (2006) em *Um homem sem qualidades*, não existiria mais, restando apenas o sexo e a camaradagem.

Fragilidade de laços que se revela marcante, pois a busca por um amor, em referência à sua moderna versão universalmente protetora, tem figurado não apenas como ilusão necessária à vida em sua configuração de laços, mas também como vulnerabilidade. O ideal de amor romântico lenta e gradativamente construído em nossa cultura, especialmente em seu registro de completude e proteção, nestes casos parece configurar não apenas uma frustração amorosa — como referido no mito romântico de Tristão e Isolda e nos estudos freudianos acerca de sua empreitada inicial da etiologia das neuroses —, mas como elemento constitutivo de uma vulnerabilidade ao contágio pela Aids.

Segundo Alain Badiou (2013) o amor sofre hoje duas grandes ameaças. A primeira seria a busca de um amor sem risco, aquele ofertado pelos sites de relacionamento onde se acena com a parceira certa e na medida — da cor dos olhos ao signo astrológico. O amor viria, assim, com certificado de garantia, um amor sem risco. Tal qual os casamentos arranjados pelas famílias de outrora, os contratos antecedem o encontro. Como se tais arranjos não estivessem situados nas antípodas do traçado inconsciente de um sujeito, feito de enunciados singulares da sua história.

Tal *amor sem risco* configura, portanto, também uma ameaça: é possível se preservar no amor? Imaginariamente sim, pois o amor não quer saber da falha ou da incompletude. Já em sua face simbólica, seria necessária toda uma travessia para falar desse amor em suas possibilidades outras. Quais? De que o amor, por exemplo, não necessariamente protege o corpo dos males da existência; de que os amantes poderiam conversar sobre a impossibilidade de serem o objeto para sempre perdido, e, portanto, poderiam vir a trair este encontro supostamente pleno; traindo — ou mesmo não, pois, apesar de ser a principal via, o sexo não constitui a única via de contágio —, poderiam preservar o amor em diversos outros sentidos, tornando-se racionais ao menos em face da fragilidade orgânica dos corpos; poderiam, enfim, estabelecer novos contratos em seus amores, usando preservativo no ato sexual etc.

Da segunda ameaça ao amor discutida por Badiou (2013), tem-se a sua pouca importância em decorrência de uma mentalidade econômica, cujo maior investimento é destinado à realização pessoal. Em seu *Elogio ao Amor*, o filósofo ressalta como a sua suposta leveza é incompatível com a seriedade dos negócios e exigências de sucesso profissional. Neste cenário, portanto, o amor ocupa um lugar marginal.

A rapidez do acesso às informações, a demanda por resposta imediatas, a obsolescência dos produtos, a labilidade das interações e a falta de padrões reguladores precisos e duráveis imprimem sua marca em vários aspectos da experiência humana e, como não poderia deixar de ser, nos relacionamentos amorosos. Como se não mais houvesse espaço para o encontro contingente, favorecido por uma poesia existencial. Ou, talvez, em novos arranjos, conforme afirma Vilhena (1998) a propósito de casamento moderno: sim à segurança do lar, contanto que ela não impeça em nada a realização de cada um.

Por outro lado, já que a contemporaneidade parece não atribuir mais tanta importância às profundezas do amor, estaríamos caminhando para um lugar de menor vulnerabilidade ao contágio? O que os dados aqui apresentados revelam é justamente o contrário, pois o imperativo cultural das sensações momentâneas de leveza e desapego parece *ainda* não ter encontrado lugar na subjetividade. Seria possível que, nessas *novas* configurações, pudéssemos caminhar para relações menos hipócritas ou hierarquizadas, mais dialogadas e implicadas com relação a alteridade?

Fato é que o apelo capitalista da realização pessoal e do melhor *custo benefício*, parece também comandar o ritmo das escolhas amorosas. O outro deverá ser experimentado como um produto, que está bom enquanto agradar, mas será dispensado quando não cumprir mais seu *status* de objeto de gozo. Com isso, as relações íntimas são também calcadas neste modelo trabalhista: o retorno sobre o investimento deve ser maximizado.

A precariedade, a vulnerabilidade dos laços sociais, mostra um estado de falta de proteção que deixa o sujeito à mercê de seu mundo pulsional. Esta é a crise do pai, da falta dele da qual falamos anteriormente. Parece-nos que o indivíduo contemporâneo, a partir de uma ilusória oferta mercadológica, vê-se impelido a financiar sua própria felicidade — da qual tem direito? — a partir de objetos que aplacariam seu mal-estar. Nesse quadro, teriam restos de gozos que o impeliriam a buscar doses cada vez maiores em *novos* objetos que, mesmo servindo, jamais satisfazem. Estaríamos assistindo a uma substituição da realização de desejos pela satisfação com objetos? E nesse ponto o amor seria forte o suficiente para que o sujeito pudesse ir ao tortuoso encontro com os outros e não uma busca pela ilusão plena, momentânea e mortífera de encontro com o Outro?

Nesse sentido, considerar o amor como uma das possíveis influências ao contágio pela Aids implica considerar sua face imaginária e fusional, do movimento do dois para o um, demasiadamente engessado em nossa cultura. Verificamos como este se porta como uma verdade não apenas cultural, mas reeditada em cada um de nós a partir daquelas mesmas características aprisionantes. O objetivo aqui é pensar em como isso se verificou como uma questão na fala de diversas mulheres infectadas pelo vírus e marcar uma posição de escuta que respeite a singularidade do sujeito ao mesmo passo que atente para estas clausuras presentes em amor e dor.

REFERÊNCIAS

ANDRADE, C. D. **Amar se aprende amando**: poesia de convívio de humor. São Paulo: Companhia das Letras, 2018.

ANZIEU, D. Oedipe avant le complexe, ou de l'interprétation psychanalytique des mythes. **D'um divan l'autre**, [s. l.], 1996. Disponível em: http://www.dundivanlautre. fr/bibliotheque/didier-anzieu-oedipe-avant-le-complexe-ou-de-linterpretation-psychanalytique-des-mythes#_ftn1 x-x. Acesso em: 6 abr. 2023.

ARENDT, H. **Love and Saint Augustine**. Chicago, US: The University of Chicago Press, 1996.

ASCOM. Breve Histórico. **Barros Barreto**, [s. l.], 2014, Histórico do Hospital Universitário João de Barros Barreto. Disponível em: www.barrosbarreto.ufpa. br. Acesso em: 5 jun. 2014.

AYRES, J. R. C. M.; FRANÇA JÚNIOR, I.; CALAZANS, G. J.; SALETTI FILHO, H. C.; Vulnerabilidade e prevenção em tempos de AIDS. *In*: BARBOSA, R. M. PARKER, R. G. **Sexualidades pelo avesso**: direitos, identidade e poder. IMS/UERJ-Editora 34, Rio de Janeiro/São Paulo, p. 42-79. 1999.

AZEVEDO, A. V. de. **Mito e psicanálise**. Rio de Janeiro: Jorge Zahar, 2004.

BACCHINI, A. M. **Helena vivendo com Aids**. 2012. Dissertação (Mestrado em Psicologia Clínica e Social) – Universidade Federal do Pará, Belém, 2012.

BACCHINI, A. M. *et al*. Amor e mito como verdade cultural e subjetiva. **Tempo psicanal**., v. 48, n. 1, p. 216-231, jun. 2016.

BACCHINI, A. M. **Faz-se tudo por amor, inclusive "morre-se"**: o ideal de amor romântico e a exposição de mulheres ao hiv/aids. 2017. Tese (Doutorado em Psicologia Clínica) – Pontifícia Universidade Católica do Rio de Janeiro, Rio de Janeiro, 2017.

BADIOU, A.; TRUONG, N. **Elogio ao amor**. Tradução de Dorothée de Bruchard. São Paulo: Martins Fontes, 2013.

BAREMBLITT, G. **Compêndio de Análise Institucional**. 3. ed. Rio de Janeiro: Rosa dos Tempos, 1996.

BAUMAN, Z. **Amor líquido**: sobre a fragilidade dos laços humanos. Rio de Janeiro: Jorge Zahar Editor, 2012.

BAUMAN, Z. **Capitalismo parasitário**: e outros temas contemporâneos. Tradução de Eliana Aguiar. Rio de Janeiro: Jorge Zahar Editor, 2010.

BAUMAN, Z. **Comunidade**: a busca por segurança no mundo atual. Tradução de Plínio Dentzien. Rio de Janeiro: Jorge Zahar Editor, 2003.

BAUMAN, Z. **Globalização**: as consequências humanas. Tradução de Marcus Penchel. Rio de Janeiro: Jorge Zahar Editor, 1999.

BÉDIER, J. **O romance de Tristão e Isolda**. Tradução de Luis Carlos de Castro e Costa. São Paulo: WMF Martins, 2012.

BERLINCK, M. T. **Psicopatologia Fundamental**. São Paulo: Editora Escuta, 2008.

BIRMAN, J. **Gramáticas do erotismo**: a feminilidade e as suas formas de subjetivação em psicanálise. Rio de Janeiro: Civilização Brasileira, 2001.

BOURDIEU, Pierre. **A Dominação Masculina**. Rio de Janeiro: Ed. Bertrand. Brasil, 2005.

BRASIL. Ministério da Saúde. Secretaria de Políticas Públicas. Coordenação Nacional de DST e Aids. **Boletim Epidemiológico da Aids 2007**. Brasília: MS, [2007]. Disponível em: http://www.aids.gov.br. Acesso em: 28 jun. 2008.

BRASIL. Ministério da Saúde. Secretaria de Vigilância em Saúde. Departamento de Análise de Situação de Saúde. **Saúde Brasil 2009**: uma análise da situação de saúde e da agenda nacional e internacional de prioridades em saúde. Brasília: MS, 2010.

BRASIL. Ministério da Saúde. Secretaria de Vigilância em Saúde. Departamento de Doenças de Condições Crônicas e Infecções Sexualmente Transmissíveis – DCCI. **Boletim Epidemiológico de HIV/Aids**. Brasília: Ministério da Saúde, 2021. Disponível em: https://www.gov.br/saude/pt-br/centrais-de-conteudo/publicacoes/boletins/epidemiologicos/especiais/2021/boletim-epidemiologico-especial-hiv-aids-2021.pdf/view. Acesso em: 28 jun. 2022.

CARVALHO, C. de. **Para compreender Saussure**: fundamentos e visão crítica. 20. ed. Petrópolis: Vozes, 2013.

CARVALHO, J. A. de. **O amor que rouba os sonhos**: um estudo sobre a exposição feminina ao HIV. São Paulo: Casa do Psicólogo, 2003.

CARVALHO, R. N. B. de. **Metamorfoses em tradução**. 2010. Trabalho de conclusão de pós-doutoramento – Departamento de Letras Clássicas e Vernáculas,

Faculdade de Filosofia, Letras e Ciências Humanas, Universidade de São Paulo, São Paulo, 2010.

CECCARELLI, P. R. Acaso, repetição e sexualidade: como colocar "camisinha" na fantasia?. *In*: MOREIRA, A.; OLIVEIRA, P.; PIANI, P. (org.). **Cuidado e saúde**: práticas e sentido em construção. Belém: Paka-Tatu, 2013. p. 69-86.

CECCARELLI, P. R. Sexualidade e preconceito. Revista Latinoamericana de Psicopatologia Fundamental, São Paulo, v. 3, n. 3, p. 18-37, set. 2000.

CELLARD, A. A análise documental. *In*: POUPART, J. *et al.* **A pesquisa qualitativa**: enfoques epistemológicos e metodológicos. Petrópolis: Vozes, 2008.

CHASSERGUET-SMIRGEL, J. **O ideal do ego**. Porto Alegre: Artes Médicas, 1992.

CHEMAMA, R.; VANDERMERSCH, B. **Dicionário de Psicanálise**. São Leopoldo: Editora Unisinos, 2007.

COSTA, J. F. A construção cultural da diferença dos sexos. **Sexualidade, Gênero e Sociedade**, ano 2, n. 3, jun. 1995.

COSTA, J. F. **Psicanálise e contexto cultural**: imaginário psicanalítico, grupos e psicoterapias. Rio de Janeiro: Campus, 1989.

COSTA, J. F. **Sem fraude nem favor**: estudos sobre o amor romântico. Rio de Janeiro: Rocco, 1999.

DOR, J. **Introdução à leitura de Lacan**: o inconsciente estruturado como linguagem. Tradução de Carlos Eduardo Reis. Sup. e rev. Cláudia Corbisier. Porto Alegre: Artes Médicas, 1989.

ELIAS, N. **A sociedade de corte**. Lisboa, PT: Editorial Estampa, 1987.

FERREIRA, N. P. **Amor, ódio e ignorância**: literatura e psicanálise. Rio de Janeiro: Rios Ambiciosos Livraria, 2005.

FIGUEIREDO, L. C. M. **Matrizes do pensamento psicológico**. Petrópolis: Vozes, 1995.

FIGUEIREDO, L. C. M.; DE SANTI, P. L. R. **Psicologia**: uma (nova) introdução – uma visão histórica da psicologia como ciência. São Paulo: Educ, 2007.

FIGUEIREDO, N. M. A. **Método e metodologia na pesquisa científica**. 2. ed. São Caetano do Sul: Yendis Editora, 2007.

FLEXA, J. P. **A Sexualidade de mulheres vivendo com Aids**: contribuições da psicanálise. 2013. Dissertação (Mestrado em Psicologia) – Universidade Federal do Pará, Belém, 2013. Disponível em: http://repositorio.ufpa.br/jspui/bitstream/2011/5196/1/Dissertacao_SexualidadeMulheresAids.pdf. Acesso em: 1 jun. 2014.

FORTES, I. No amor: ser um ou ser dois?. **Tempo Psicanalítico**: Revista da Sociedade de Psicanálise Iracy Doyle, Rio de Janeiro, v. 31, n. 31, p. 121-128, 1999.

FOUCAULT, M. De l'amitié comme mode de vie. [Entrevista cedida a] R. de Ceccaty, J. Danet e J. le Bitoux. Tradução de Wanderson Flor do Nascimento. **Gai Pied**, [s. l.], n. 25, p. 38-39, abr. 1981. Disponível em: http://www.unb.br/fe/tef/filoesco/foucault. Acesso em: 8 set. 2016.

FOUCAULT, M. **História da sexualidade I**: A vontade de saber. Tradução de Maria Thereza da Costa Albuquerque e J. A. Guilhon Albuquerque. 5. ed. Rio de Janeiro: Edições Graal, 1984a.

FOUCAULT, M. **História da sexualidade II**: O uso dos prazeres. Tradução de Maria Thereza da Costa Albuquerque e J. A. Guilhon Albuquerque. 5. ed. Rio de Janeiro: Edições Graal, 1984b.

FOUCAULT, M. **História da sexualidade III**: O cuidado de si. Tradução de Maria Thereza da Costa Albuquerque e J. A. Guilhon Albuquerque. 5. ed. Rio de Janeiro: Edições Graal, 1985.

FRANCÊS, I. **Nem culpa, nem vergonha. Afinal, do que trata a aids?**. 2016. 136 f. Tese (Doutorado em Psicologia Clínica) – Departamento de Psicologia, Pontifícia Universidade Católica do Rio de Janeiro, Rio de Janeiro, 2016.

FREUD, S. [1976]. **A interpretação dos sonhos.** Rio de Janeiro: Imago, 1972. (Edição *standard* brasileira das obras completas de Sigmund Freud, v. 4).

FREUD, S. [1914]. À Guisa de Introdução ao Narcisismo. Rio de Janeiro: Imago, v. 1, 2004. (Escritos sobre a Psicologia do Inconsciente).

FREUD, S. [1894]. **As neuropsicoses de defesa**. Rio de Janeiro: Imago, 1972. (Edição *Standard* Brasileira das Obras Completas de Sigmund Freud, v. 3).

FREUD, S. [1915-1917]. **Conferências introdutórias sobre psicanálise, parte III, Teoria geral das neuroses**: conferência XX – a vida sexual dos seres humanos. Rio de Janeiro: Imago, 1996. (Edição *Standard* Brasileira das Obras Completas de Sigmund Freud, v. 16).

FREUD, S. [1940-1938]. **Esboço de psicanálise**. Rio de Janeiro: Imago, 1972. (Edição *Standard* Brasileira das Obras Completas de Sigmund Freud, v. 23).

FREUD, S. [1907-1908]. **Escritores criativos e devaneio**. Rio de Janeiro: Imago, 1972. (Edição *standard* brasileira das obras completas de Sigmund Freud, v. 9).

FREUD, S. [1893-1895]. **Estudos Sobre a Histeria**. Rio de Janeiro: Imago, 1972. (Edição *standard* brasileira das obras completas de Sigmund Freud, v. 2).

FREUD, S. [1950]. **Extratos dos documentos dirigidos a Fliess**. Rio de Janeiro: Imago, 1972. (Edição *standard* brasileira das obras completas de Sigmund Freud, v. 1).

FREUD, S. [1905]. **Fragmentos da Análise de um Caso de Histeria**. Rio de Janeiro: Imago, 1972. (Edição *standard* brasileira das obras completas de Sigmund Freud, v. 7).

FREUD, S. [1926]. **Inibição, sintoma e angústia**. Rio de Janeiro: Imago, 1972. (Edição *standard* brasileira das obras completas de Sigmund Freud, v. 17).

FREUD, S. [1910]. **Leonardo da Vinci e uma lembrança da sua infância**. Rio de Janeiro: Imago, 1972. (Edição *standard* brasileira das obras completas de Sigmund Freud, v. 11).

FREUD, S. [1908]. **Moral sexual "civilizada" e doença nervosa moderna**. Rio de Janeiro: Imago, 1972. (Edição *standard* brasileira das obras completas de Sigmund Freud, v. 9).

FREUD, S. [1915]. **Observações sobre o amor transferencial (Novas recomendações sobre a técnica da psicanálise III)**. Rio de Janeiro: Imago, 1972. (Edição *standard* brasileira das obras completas de Sigmund Freud, v. 12).

FREUD, S. [1911]. **O caso Schereber**. Rio de Janeiro: Imago, 1972. (Edição *standard* brasileira das obras completas de Sigmund Freud, v. 12).

FREUD, S. [1923]. **O ego e o id**. Rio de Janeiro: Imago, 1972. (Edição *standard* brasileira das obras completas de Sigmund Freud, v. 19).

FREUD, S. [1919]. O estranho. *In:* J. SALOMÃO. **Edição *standard* brasileira das obras psicológicas completas de Sigmund Freud**. Rio de Janeiro: Imago, v. 17. p. 237-270, 2006.

FREUD, S. [1927]. **O futuro de uma ilusão**. Rio de Janeiro: Imago, 1972. (Edição *standard* brasileira das obras completas de Sigmund Freud, v. 21).

FREUD, S. [1929-1930]. **O mal-estar na civilização**. Rio de Janeiro: Imago, 1972. (Edição *Standard* Brasileira das Obras Completas de Sigmund Freud, v. 21).

FREUD, S. [1924]. **O problema econômico do masoquismo**. Rio de Janeiro: Imago, v. 3, 2004. (Escritos sobre a Psicologia do Inconsciente).

FREUD, S. [1972]. Projeto para uma Psicologia Científica. *In*: FREUD, S. **Obras psicológicas completas**, v. 1. Rio de Janeiro: Imago, 1990.

FREUD, S. [1923]. **Psicologia de grupo e análise do ego**. Rio de Janeiro: Imago, 1972. (Edição *Standard* Brasileira das Obras Completas de Sigmund Freud, v. 18).

FREUD, S. [1915]. **Pulsões e Destinos da Pulsão**. Rio de Janeiro: Imago, v. 1, 2004. (Escritos sobre a Psicologia do Inconsciente).

FREUD, S. [1895]. Rascunho H. *In:* J. STRACHEY (Ed.). **Edição *Standard* Brasileira das Obras Completas de Sigmund Freud.** Rio de Janeiro: Imago. 1982, p. 253-258.

FREUD, S. [1914]. **Recordar, repetir e elaborar**. Rio de Janeiro: Imago, 1990. (Edição *standard* brasileira das obras completas de Sigmund Freud, v. 12).

FREUD, S. [1908]. **Romances familiares**. Rio de Janeiro: Imago, 1972. (Edição *standard* brasileira das obras completas de Sigmund Freud, v. 9).

FREUD, S. [1912]. **Sobre a tendência universal à depreciação na esfera do amor**. Rio de Janeiro: Imago, 1972. (Edição *standard* brasileira das obras completas de Sigmund Freud, v. 12).

FREUD, S. [1913]. Sobre o início do tratamento. *In:* FREUD, S. **Obras completas**. Rio de Janeiro: Imago, v. 12, p. 139-158, 2006.

FREUD, S. [1911-1913]. Tipos de adoecimento neurótico. *In:* **OBSERVAÇÕES psicanalíticas sobre um caso de paranoia relatado em autobiografia ("O caso Schreber"):** artigos sobre técnica e outros textos (1911 – 1913). Tradução e notas de Paulo César de Souza. São Paulo: Companhia das Letras, 2010.

FREUD, S. [1913]. **Totem e tabu**. Rio de Janeiro: Imago, 1972. (Edição *standard* brasileira das obras completas de Sigmund Freud, v, 13).

FREUD, S. [1905]. **Três ensaios sobre a teoria da sexualidade**. Rio de Janeiro: Imago, 1972. (Edição *standard* brasileira das obras completas de Sigmund Freud, v. 7).

GOETHE, J. W. **Os Sofrimentos do jovem Werther**. São Paulo: Editora Martin Claret, 2009.

GRANICHA, R.; CROWLEYA, S.; VITORIAA, M.; SMYTHA, C.; *et al.* Highly active antiretroviral treatment as prevention of AIDS transmission: review of scientific evidence and update. **Current Opinion in AIDS and AIDS**, 2010.

HANNS, L. A. **Dicionário comentado do alemão de Freud**. Rio de Janeiro: Imago, 1996.

HOMERO. **Ilíada**. Tradução de Carlos Alberto Nunes. 7. ed. Rio de Janeiro: Ediouro, 2001.

HOUAISS, A. **Dicionário eletrônico Houaiss da língua portuguesa**. Rio de Janeiro: Objetiva, 2001. Versão 1.0. 1 [CD-ROM].

HUGHES, B. **Helena de Tróia**: deusa, princesa e prostituta. Tradução de S. Duarte. Rio de Janeiro: Record, 2009.

JORGE, M. A. C. O amor é o que vem em suplência à inexistência. *In*: ALBERTI, S. (org.). **A sexualidade na aurora do século XXI**. Rio de Janeiro: Cia. De Freud: Capes, 2008.

JORGE, M. A. C. **Fundamentos da psicanálise de Freud a Lacan, v. 2**: A clínica da fantasia. Rio de Janeiro: Zahar, 2010.

KALICHMAN, A. O. **Vigilância Epidemiológica de AIDS**: recuperação histórica de conceitos e práticas. 1993. Tese (Doutorado em: Medicina Preventiva). Universidade de São Paulo, São Paulo, 1993.

KEHL, M. R. **A mínima diferença**. 1992. Disponível em: https://blogdaboitempo.com.br/2015/03/02/maria-rita-kehl-a-minima-diferenca/. Acesso em: 17 abr. 2018.

KEHL, M. R. **Deslocamentos do feminino**. 2. ed. Rio de Janeiro: Imago, 2008.

KRISTEVA, J. **Histórias de amor**. Tradução de Leda Tenório de Motta. Rio de Janeiro: Paz e Terra, 1988.

LACAN, J. O estádio do espelho como formador da função do eu. *In*: LACAN, J. **Escritos**. Rio de Janeiro: Jorge Zahar, 1998.

LACAN, J. **O mito individual do neurótico, ou, A poesia e verdade na neurose**. Tradução de Claudia Berliner. Rio de Janeiro: Jorge Zahar, 2008a.

LACAN, J. [1972-1973]. **O Seminário, livro 20**: mais, ainda. Rio de Janeiro: Jorge Zahar, 2008c.

LACAN, J. [1959-1960]. **O Seminário, livro 7**: a ética da psicanálise. Rio de Janeiro: Jorge Zahar, 2008b.

LACAN, J. **O seminário, livro 8**: A transferência. Rio de Janeiro: Jorge Zahar Ed., 1992.

LACAN, J. **O seminário, livro** 1: Os escritos técnicos de Freud. Tradução de B. Milan. Rio de Janeiro: Jorge Zahar, 1979.

LAPASSADE, G. **Grupos, organizações e instituições**. 3. ed. Rio de Janeiro: Francisco Alves, 1989.

LAPLANCHE, J.; PONTALIS, J. B. **Vocabulário da Psicanálise**. Direção de Daniel Lagache. Tradução de Pedro Tamen. São Paulo: Martins Fontes, 1992.

LEBREGO, A. M. **Estudo psicanalítico sobre a feminização da epidemia do AIDS com usuários do Hospital Universitário João De Barros Barreto**. 2008. Dissertação (Mestrado em Psicologia) – Universidade Federal do Pará, Belém, 2008.

LEBRUN, J-P. **A perversão comum**: Viver juntos sem outro. Rio de Janeiro: Companhia de Freud. 2008.

LEJARRAGA, A. L. **Paixão e ternura**: um estudo sobre a noção de amor na obra freudiana. Rio de Janeiro: Relume Dumará: Faperj, 2002.

LEMINSKI, P. **Toda Poesia**. São Paulo: Companhia das Letras, 2013.

LÉVI-STRAUSS, C. A eficácia simbólica. *In*: LÉVI-STRAUSS, C. **Antropologia estrutural**. São Paulo: Cosac Naify, 2008. Texto original de 1949.

LEVY, E. S. **Desamparo, Transferência e Hospitalização em Centro de Terapia Intensiva**. 2008. Dissertação (Mestrado em Psicologia) – Universidade Federal do Pará, Belém, 2008.

MACIEL JUNIOR, A. Pensar na era do excesso. **Cadernos de Psicanálise**, Rio de Janeiro, v. 28, n. 31, p. 215-235, 2012.

MARCUSE, H. **Eros e civilização**. 5. ed. Rio de Janeiro: Jorge Zahar, 1968.

MANN, J. M. TARANTOLA, D., NETTER, T. W. **Aids in the world**. Cambridge, Harvard University Press, 1992.

MASSON, J. M. **A correspondência completa de Sigmund Freud para Wilhelm Fliess**: 1887-1904. Tradução de Vera Ribeiro. Rio de Janeiro: Imago, 1986.

MAURANO, D. **A transferência**. Rio de Janeiro: Jorge. Zahar, 2006.

MEZAN, R. **Freud**: A trama dos conceitos. São Paulo: Perspectiva, 2006.

MIGUELEZ, O. **Narcisismos**. São Paulo: Escuta, 2007.

MINAYO, M. C. S. **O desafio do conhecimento**: pesquisa qualitativa em saúde. 11. ed. São Paulo: Hucitec, 2008.

MONZANI, L. R. **Desejo e prazer na Idade Moderna**. Campinas: Editora da Unicamp, 1995.

MOREIRA, A. C. *et al*. **Relações de gênero, feminismos, sexualidade, vulnerabilidade e, a feminização da epidemia do hiv–aids em Belém**. Belém: Ed. UFPA, 2012.

MORETTO, M. L. T. **O que pode um analista no hospital?**. São Paulo: Casa do Psicólogo, 2001.

MUSIL, R. **O homem sem qualidades**. Tradução de Lya Luft e Carlos Abbenseth. Rio de Janeiro: Nova Fronteira, 2006.

NUNES, S. A. **O corpo do diabo entre a cruz e a caldeirinha**: um estudo sobre a mulher, o masoquismo e a feminilidade. Rio de Janeiro: Civilização Brasileira, 2000.

PAZ, B. C. **Freud e o amor**: do ideal ao impossível – um diálogo entre Psicanálise e Romantismo. 2009. Dissertação (Mestrado em Teoria Psicanalítica) – Universidade Federal do Rio de Janeiro, Rio de Janeiro, 2009.

PESSANHA, J. A. M. Platão: as várias faces do amor. *In*: CARDOSO, S. *et al*. **Os sentidos da paixão**. p. 77-106. São Paulo: Companhia das Letras, 1987.

PLATÃO. O Banquete. *In:* PLATÃO. **Os Pensadores**. Tradução de José Cavalcante de Souza. São Paulo: Abril Cultural, 2001.

PLATÃO. O banquete. *In*: PLATÃO. **Diálogos 1**. p. 32-102. Tradução de J. C. Souza. São Paulo: Abril Cultural, 1983. (Coleção Os Pensadores).

POLISTCHUCK, L. **Mudanças na vida sexual após o sorodiagnóstico para o AIDS**: uma comparação entre homens e mulheres. 2010. Dissertação (Mestrado em: Saúde Pública) – Faculdade de Saúde Pública, São Paulo, 2010.

RODRIGUES, A. **Afinal, para que educar o Emílio e a Sofia?**: Rousseau e a formação dos indivíduos. 2007. Dissertação (Mestrado em Educação) – Faculdade de Educação, Universidade Federal da Bahia, Salvador, 2007.

ROUDINESCO, E; PLON, M. **Dicionário de psicanálise**. Rio de Janeiro: Jorge Zahar, 1998.

ROUGEMONT, D. **O amor e o ocidente**. Tradução de Paulo Brandi e Ethel Brandi Cachapuz. Rio de Janeiro: Editora Guanabara, 1988.

ROUSSEAU, J. J. **Emílio; ou, Da educação**. Tradução de Sérgio Milliet. 3. ed. Rio de Janeiro: Bertrand Brasil, 1995.

RUDGE, A. M. As teorias do sujeito contemporâneo e os destinos da psicanálise. *In*: RUDGE, Ana Maria (org.). **Traumas**. p. 11-22. São Paulo: Editora Escuta, 2006.

SAUSSURE, F. de. **Curso de linguística geral**. Tradução de Antônio Chelini, José Paulo Paes e Isidoro Blikstein. 25. ed. São Paulo: Cultrix, 2006.

SESPA. Secretaria do Estado de Saúde Pública do Pará. c2023. Página Inicial. Disponível em: http://portalsespa.pa.br. Acesso em: 10 abr. 2022.

SOARES, G. B. **Refúgio no mundo do coração**: um estudo sobre o amor na obra de Rousseau. 1997. Dissertação (Mestrado em Saúde Coletiva) – Universidade Estadual do Rio de Janeiro, Rio de Janeiro, 1997.

STRECK, D. R. **Rousseau & a educação**. 2. ed. Belo Horizonte: Autêntica, 2008.

TAHON, M. B. O "bom" pai e o "bom" cidadão a partir do Émile de Rousseau. **Margem**: Revista da Faculdade de Ciências Sociais da Pontifícia Universidade Católica de São Paulo, São Paulo, p. 253-267, 1999.

TURATO, E. R. **Tratado da pesquisa clínico-qualitativa**: construção teórico--epistemológica, discussão comparada e aplicação nas áreas de saúde e humanas. 2. ed. Petrópolis: Vozes, 2003.

TURATO, E. R. Métodos qualitativos e quantitativos na área da saúde: definições, diferenças e seus objetos de pesquisa. **Rev. Saúde Pública**, [*s. l.*], v. 39, n. 3, p. 507-514, 2005. ISSN 0034-8910.

UNAIDS. Aids Epidemic Update 2009. UnAids, [*s. l.*], 2009. Disponível em: HTTP://www.unAids.org. Acesso em: 10 abr. 2023.

VIEIRA, M. A. **A paixão**. Rio de Janeiro: Zahar, 2012.

VILHENA, J. L'Être dans la séparation. Sur l'identité conjugale. **Latin American Journal of Psychopathology**, [*s. l.*], v. 6, n. 1, 2006. Disponível em: http://www.fundamentalpsychopathology.org/journal/mai6/4.pdf. Acesso em: 1 nov. 2011.

VILHENA, J. Mito e fantasia: conjunções e disjunções no grupo familiar. *In*: VILHENA, J. (org.). **Escutando a família**: uma abordagem psicanalítica. Rio de Janeiro: Relume-Dumará, 1991a.

VILHENA, J. Viver juntos nos mata, separarmo-nos é mortal: a ilusão grupal e a incapacidade de ficar só. *In*: VILHENA, J. (org.). **Escutando a família**: uma abordagem psicanalítica. p. 11-28, Rio de Janeiro: Relume-Dumará, 1991b.

VILHENA, J. Desamor: um afeto pouco enunciado. **Cadernos de psicanálise**, Rio de Janeiro, ano 10, n. 6, p. 35-41, 1988.